HIER+JETZT

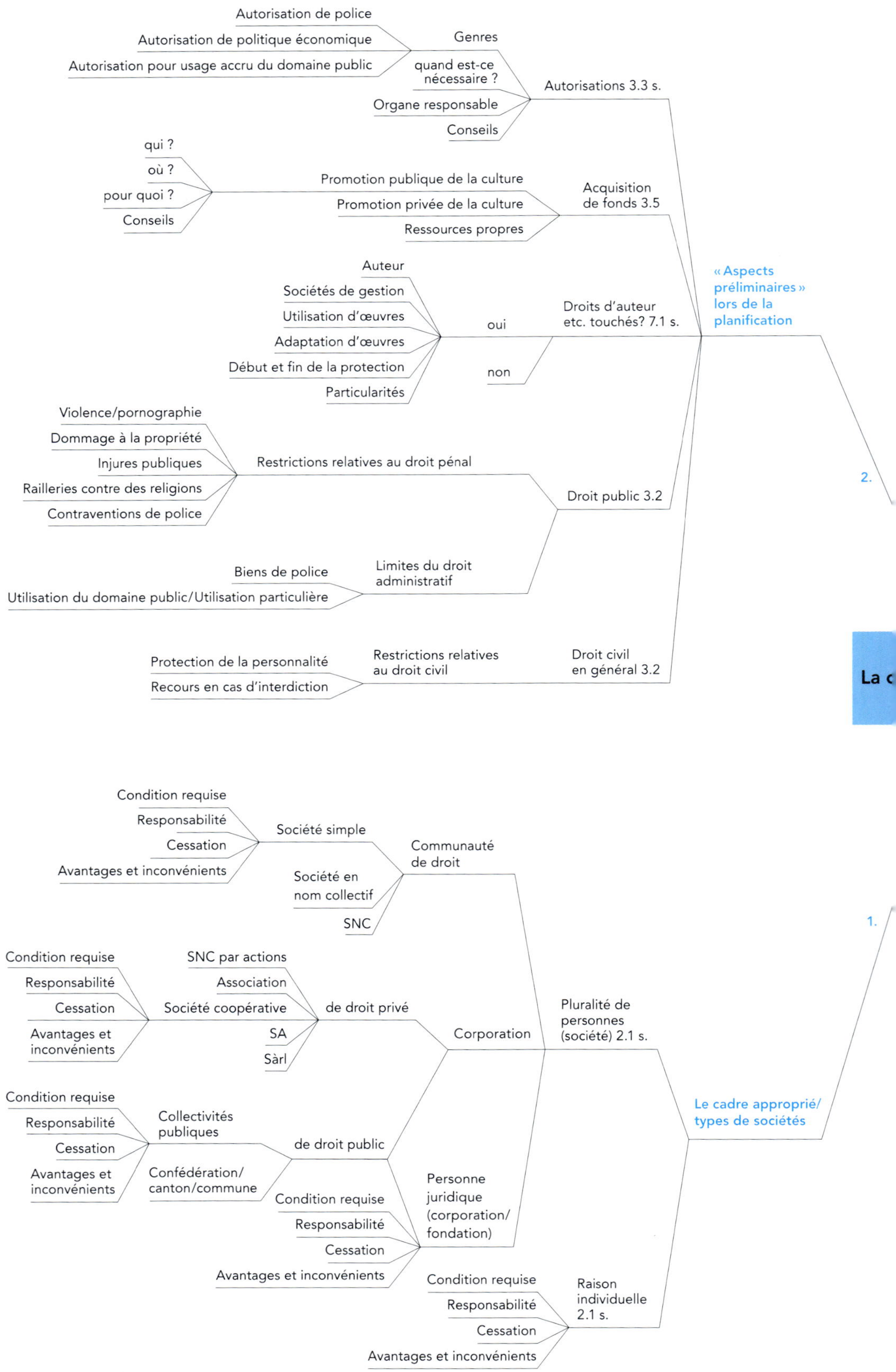
Autorisation de police
Autorisation de politique économique
Autorisation pour usage accru du domaine public
Genres
quand est-ce nécessaire ?
Organe responsable
Conseils
Autorisations 3.3 s.
qui ?
où ?
pour quoi ?
Conseils
Promotion publique de la culture
Promotion privée de la culture
Ressources propres
Acquisition de fonds 3.5
Auteur
Sociétés de gestion
Utilisation d'œuvres
Adaptation d'œuvres
Début et fin de la protection
Particularités
oui
non
Droits d'auteur etc. touchés? 7.1 s.
« Aspects préliminaires » lors de la planification
Violence/pornographie
Dommage à la propriété
Injures publiques
Railleries contre des religions
Contraventions de police
Restrictions relatives au droit pénal
Droit public 3.2
Biens de police
Utilisation du domaine public/Utilisation particulière
Limites du droit administratif
Protection de la personnalité
Recours en cas d'interdiction
Restrictions relatives au droit civil
Droit civil en général 3.2
2.
La c
Condition requise
Responsabilité
Cessation
Avantages et inconvénients
Société simple
Société en nom collectif
SNC
Communauté de droit
Condition requise
Responsabilité
Cessation
Avantages et inconvénients
SNC par actions
Association
Société coopérative
SA
Sàrl
de droit privé
Corporation
Pluralité de personnes (société) 2.1 s.
Condition requise
Responsabilité
Cessation
Avantages et inconvénients
Collectivités publiques
Confédération/canton/commune
de droit public
Condition requise
Responsabilité
Cessation
Avantages et inconvénients
Personne juridique (corporation/fondation)
Condition requise
Responsabilité
Cessation
Avantages et inconvénients
Raison individuelle 2.1 s.
Le cadre approprié/types de sociétés
1.

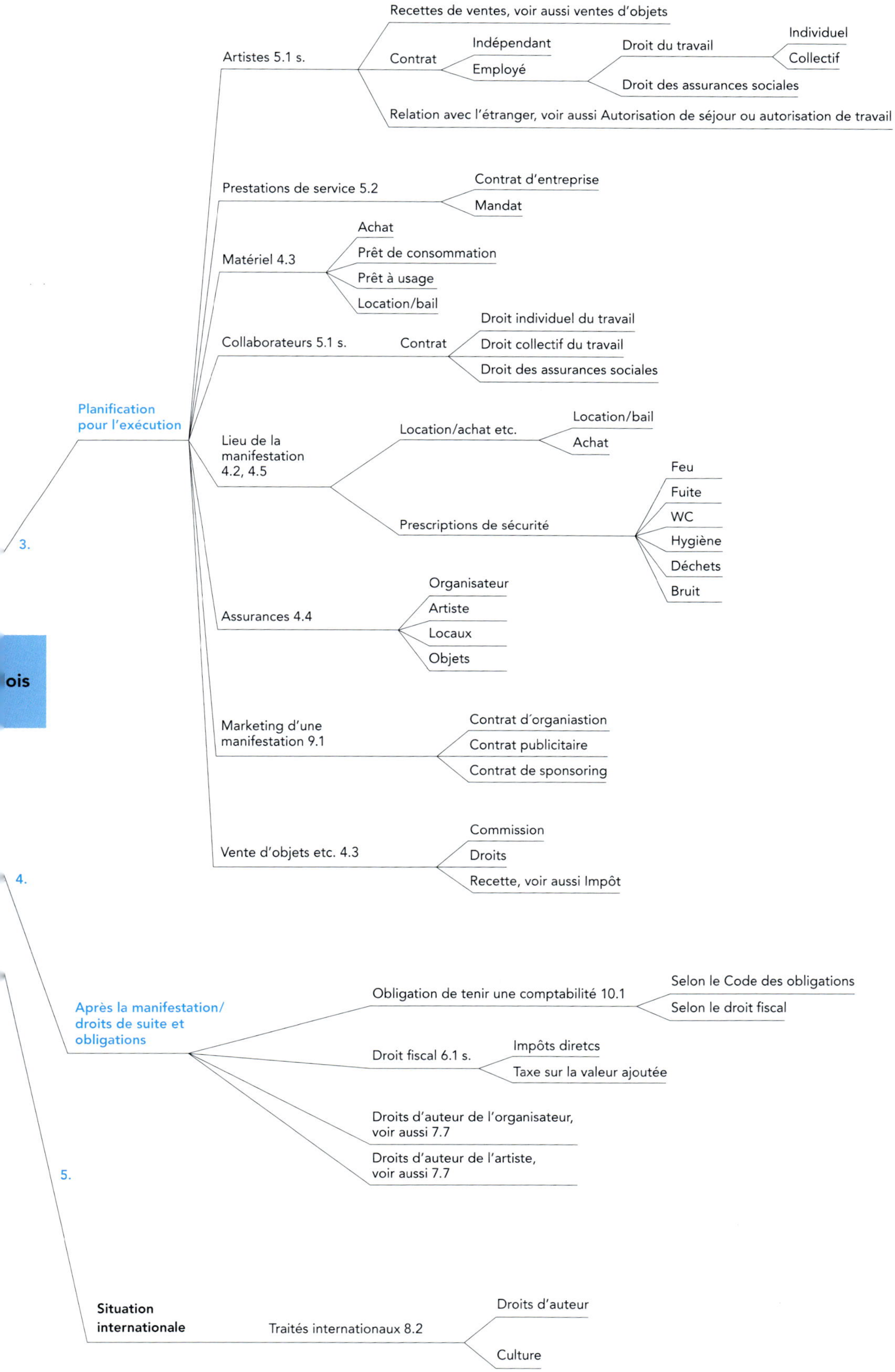
3.
Planification pour l'exécution
Artistes 5.1 s.
Recettes de ventes, voir aussi ventes d'objets
Contrat
Indépendant
Employé
Droit du travail
Individuel
Collectif
Droit des assurances sociales
Relation avec l'étranger, voir aussi Autorisation de séjour ou autorisation de travail
Prestations de service 5.2
Contrat d'entreprise
Mandat
Matériel 4.3
Achat
Prêt de consommation
Prêt à usage
Location/bail
Collaborateurs 5.1 s.
Contrat
Droit individuel du travail
Droit collectif du travail
Droit des assurances sociales
Lieu de la manifestation 4.2, 4.5
Location/achat etc.
Location/bail
Achat
Prescriptions de sécurité
Feu
Fuite
WC
Hygiène
Déchets
Bruit
Assurances 4.4
Organisateur
Artiste
Locaux
Objets
Marketing d'une manifestation 9.1
Contrat d´organiastion
Contrat publicitaire
Contrat de sponsoring
Vente d'objets etc. 4.3
Commission
Droits
Recette, voir aussi Impôt
4.
Après la manifestation/ droits de suite et obligations
Obligation de tenir une comptabilité 10.1
Selon le Code des obligations
Selon le droit fiscal
Droit fiscal 6.1 s.
Impôts diretcs
Taxe sur la valeur ajoutée
Droits d'auteur de l'organisateur, voir aussi 7.7
Droits d'auteur de l'artiste, voir aussi 7.7
5.
Situation internationale
Traités internationaux 8.2
Droits d'auteur
Culture

ois

La culture a ses lois

Un guide traitant du droit dans la vie culturelle suisse

Avec la participation de Rolf Bühler, Judith Gross, Claudia Höltner,
Rolf Keller et Raik Mickler

Publié par le Centre d'Études de Gestion Culturelle de l'Université de Bâle, d'après une idée de la Conférence des délégués cantonaux aux affaires culturelles

Textes sur la gestion culturelle et la politique culturelle, tome 2

UNI BASEL

SKM Studienzentrum
Kulturmanagement
Universität Basel

2007 hier + jetzt, Verlag für Kultur und Geschichte, Baden

Publié avec le soutien de :
– la Conférence des délégués cantonaux aux affaires culturelles CDAC,
– la Fondation Berta Hess-Cohn, Bâle.

Rédaction finale : Dominika Wagner, Cyrill Häring, Rolf Keller
Traductions : Semiotic Transfer, Baden
Composition et mise en page : Christine Hirzel, hier + jetzt

www.hierundjetzt.ch et www.kulturmanagement.org
ISBN 978-3-03919-070-6

Table des matières

6 A propos des impôts

7 A propos des droits d'auteur

Préface du président de la Conférence des délégués cantonaux aux affaires culturelles CDAC

François Wasserfallen, Président CDAC

Les professionnels de la culture le savent bien : quand les projecteurs inondent le plateau de lumière, quand le jour du vernissage arrive enfin, quand le livre est déposé sur les tables de la librairie, c'est un long processus qui s'achève, un processus qui n'est de loin pas seulement concentré sur les questions artistiques. La création a besoin de structures, a besoin de réunir des équipes, de louer des locaux, d'obtenir des autorisations ou des dérogations... une foule de contrats à conclure. Des procédures compliquées, en cas de tournée, par la multitude des interlocuteurs et la joyeuse diversité des lois ou règlements cantonaux ou locaux.

Consciente de ces difficultés, consciente aussi que les organisateurs culturels et les artistes peuvent parfois être perdus dans cette jungle administrative et juridique, la conférence des délégués cantonaux à la culture (CDAC) a lancé ce projet de livre. Guide pratique, cet ouvrage permet aux producteurs culturels de s'orienter rapidement, de trouver des solutions sans devoir chercher auprès de trop nombreuses instances le renseignement précieux qui permettra la réalisation. La CDAC répond ainsi au désir et au besoin de professionnalisation dans le monde culturel, pour les projets comme pour les institutions.

Matière parfois aride et rébarbative, le droit est indispensable dans toutes productions culturelles. Nous souhaitons que le succès de cette publication contribue aux succès des artistes et des producteurs culturels.

La CDAC remercie vivement les auteurs, le Centre d'Études de Gestion Culturelle de l'Université de Bâle et son directeur M. Rolf Keller qui ont assuré la coordination du projet et de la rédaction, ainsi que le groupe de travail interne à notre conférence, présidé par M. Lukas Vogel, qui a assuré la liaison avec les responsables du projet.

Préface de l'éditeur

Rolf Keller

Les délégués cantonaux aux affaires culturelles, en tant que promoteurs, et le Centre d'Etudes de Gestion Culturelle de l'Université de Bâle, en tant qu'éditeur, sont heureux de combler un voeu déjà ancien grâce à cette publication. C'est un ouvrage de référence pratique pour les profanes en droit ayant une activité dans le domaine de la culture et qui désirent trouver une orientation rapide. Ce livre répond à leurs questions juridiques dans des situations spécifiques propres à la gestion culturelle, et plus particulièrement dans la planification, l'organisation et la réalisation de manifestations.

Il existe des ouvrages bien plus volumineux mais qui, contrairement à celui-ci, ne couvrent qu'une seule partie de ces thèmes. «La musique et le droit», «L'artiste et le droit» sont des titres déjà existants dans ce domaine. Cette publication ne prétend toutefois pas couvrir dans un espace réduit l'ensemble des sujets traités dans ces différentes œuvres. En effet, les questions juridiques importantes traitant de la vie culturelle ne peuvent pas être entièrement abordées en 150 pages. L'objectif avoué est un peu plus modeste : les organisateurs de manifestations, principal public cible du livre, doivent pouvoir éviter les pièges juridiques du quotidien et mener à bien leurs projets de manière sûre. Les responsables d'institutions culturelles, d'organisations d'encouragement à la culture ou de fondations culturelles, mais aussi les artistes indépendants, sont souvent confrontés à des questions juridiques. Pour pouvoir répondre aux besoins de ce lectorat, le choix du contenu s'est fait en incluant le nécessaire et en évitant le superflu.

La structure de ce livre balance entre les exigences des experts juridiques attachés aux détails et celles de l'éditeur désirant atteindre la compréhension des profanes. Nous espérons que ce chemin médian nous a permis d'atteindre un résultat convaincant.

Nous souhaitons encore remercier les personnes et organes suivants : en premier lieu la Conférence des délégués cantonaux aux affaires culturelles CDAC, qui a donné l'impulsion nécessaire à la réalisation de cette publication et qui l'a rendue financièrement possible, et en particulier les délégués CDAC qui ont soigneusement accompagné la réalisation et apporté leurs conseils judicieux pour le contenu : Dr Roland E. Hofer, Christian Schmid, Niggi Ullrich et Lukas Vogel ; Claudia Höltner pour son immense travail de coordination exécuté avec persévérance et douceur ; les auteurs qui ont effectué leur difficile tâche avec soin et patience et qui ont su maîtriser un processus de réalisation exigeant ; les experts externes, dont les conseils et la collaboration active ont grandement soutenu la rédaction de l'ouvrage : Dr Cyrill Häring, Dr Peter Mosimann et Dr Salome Wolf ; Dr Blaise Carron pour les références littéraires en français : Dominika Wagner pour ses nombreuses contributions garantissant un texte parfaitement lisible.

Instructions d'utilisation

Ce guide s'adresse aux personnes actives dans le domaine culturel en Suisse. Il a été conçu comme un ouvrage de référence, donnant des réponses rapides à des questions concrètes. La fluidité et la cohérence du texte sont malgré tout respectées. Ce livre peut donc également être lu du début à la fin par celui qui le souhaite. Les thèmes suivent dans les grandes lignes le déroulement d'une manifestation. Il existe toutefois des questions juridiques pouvant jouer un rôle dans différentes phases d'un projet, empêchant de ce fait une présentation chronologique des thèmes. Les questions de droits d'auteur par exemple se posent avant, mais quelques fois aussi après la conclusion d'une manifestation. La structure du livre offre ainsi différents accès aux lecteurs et aux lectrices, leur permettant de trouver des réponses à leurs questions.

Vous désirez vous informer sur les aspects juridiques auxquels vous devez tenir compte à un moment précis lors de la réalisation d'un projet? Orientez-vous à l'aide du **Mindmap** se trouvant avant la table des matières. Chaque sujet vous guide vers les mots-clés importants en suivant la logique de déroulement d'une manifestation, vous renvoyant ainsi au chapitre correspondant.

La structure de la **table des matières** détaillée correspond également dans les grandes lignes à la chronologie d'organisation d'une manifestation. Laissez-vous guider par les questions qui apparaissent en titre et qui traitent des sous-chapitres individuels.

Mais vous pouvez également consulter en premier lieu les **check-lists** se trouvant dans l'annexe I, vous permettant de définir quel projet correspond le mieux au vôtre. Vous trouverez des références concernant les questions juridiques à observer dans la liste des plus importantes étapes de réalisation.

Les renseignements fournis dans ce livre correspondent aux informations disponibles au moment de la rédaction. Les dispositions légales peuvent toutefois changer rapidement dans certains domaines juridiques. La forme condensée de ce guide n'est en outre pas en mesure de remplacer des conseils juridiques complets. En cas de doute ou pour des questions juridiques complexes, il est conseillé de consulter des spécialistes.

1 L’organisation d’une manifestation culturelle – une introduction

Rolf Bühler

Le droit traitant de l’organisation de manifestations est peu développé, et il existe dans le milieu culturel une croissance incontrôlée de conventions orales et écrites. Le premier chapitre définit l’environnement général. Il en décrit les acteurs et les relations (contractuelles) qu’ils entretiennent.

Un grand nombre de concerts, de représentations théâtrales ou de danse, de projections de films, d'expositions, de lectures et de projets multimédias se déroulent tous les jours et en tous lieux. Des manifestations culturelles se tiennent sous forme d'événements uniques ou réguliers dans des lieux fixes comme théâtres, salles de concerts, musées ou cinémas. Elles sont mises sur pied par des organisateurs et des organisatrices professionnels, par des organisateurs occasionnels ou même par les artistes eux-mêmes. De nombreuses personnes sont impliquées, des soutiens sont souvent offerts par l'Etat ou par des privés, de l'argent est versé, des installations techniques sont mises à disposition, de petits ou de grands espaces sont occupés, des gros travaux de préparations sont exécutés, des accords sont conclus, de nombreuses activités sont entreprises.

Malgré cela, le **droit traitant de l'organisation de manifestations** est peu développé, et la littérature juridique suisse sur le sujet fait presque office de tapisserie. Il n'existe pas de définition juridique au sujet des manifestations ou de leurs organisateurs ou organisatrices. Une terminologie commune désignant les rapports contractuels entre les organisateurs et les artistes ou entre les organisateurs et le public fait également défaut. On utilise entre autres les termes de contrat d'organisation, de contrat d'avant-première, de contrat d'orchestre, de musicien ou d'artiste, ou encore de contrat de concert.

Il n'est donc pas étonnant qu'une croissance incontrôlée d'accords oraux et écrits existe dans le domaine du spectacle et de la culture. Généralement, ceux-ci ne mettent pas suffisamment l'accent sur des réglementations claires et juridiquement applicables. Il en découle souvent des accords financiers défavorables.

Artistes, organisateurs, manager, loueurs, artisans, hôtes ou visiteurs ne sont fréquemment pas conscients du fait qu'ils ont conclu un contrat, le plus souvent oralement, comprenant des droits et des obligations réciproques. C'est seulement lorsque des problèmes et des désaccords surgissent, par exemple avec le montant du cachet, l'annulation d'un concert, la maladie d'un artiste, le dommage causé à une œuvre d'art ou la blessure d'un visiteur que la question des éléments contractuels et des règlements est posée. Les règlements et les accords correspondants étant souvent imprécis, incomplets et conclus uniquement oralement, le problème de la responsabilité apparaît aussi fréquemment.

1.1 Qu'est-ce qu'une manifestation culturelle ?

Une définition réduite de la culture est utilisée dans cette publication, se limitant à l'art ou à une partie de celui-ci, ainsi qu'à des expressions artistiques. On y trouve la musique, le théâtre, la danse, les arts plastiques, la littérature, la photographie, la production de films et de vidéos et éventuellement les nouveaux médias.

Par manifestation culturelle, on entend une activité ou un événement durant lequel une œuvre artistique est présentée ou exposée. Ceci inclut principalement un lieu, une œuvre artistique, un ou des artistes et un public.

Le fait qu'il s'agisse d'un événement unique ou à long terme dans un lieu fixe comme un musée, un théâtre ou un cinéma ne joue pas un rôle déterminant.

Dans le sens de la définition citée plus haut, les événements sportifs, les voyages ou les formations comme des cours, des séminaires ou des conférences, mais encore des services bibliothécaires ou des foires professionnelles ne sont pas considérés comme des manifestations culturelles.

1.2 Qu'est-ce qu'un organisateur/une organisatrice ?

L'organisateur ou l'organisatrice est la personne responsable pour la prise en charge de la représentation artistique, aussi bien sur le plan financier qu'organisationnel. Il s'agit d'une ou de plusieurs personnes, qui organisent une manifestation sous leur nom et à leur propre compte.

L'organisateur établit ainsi une relation contractuelle directe avec les visiteurs et avec l'artiste. De ce fait, il se doit de fournir une œuvre artistique au public. Envers l'artiste, il se trouve dans la situation d'un client commandant une œuvre artistique, qu'il doit en général rétribuer par des honoraires.

Exemple :
Contrairement à un accord avec la loueuse d'une salle de manifestation, l'organisateur se porte responsable pour les pertes financières en cas de dépenses plus élevées que les recettes, un éventuel bénéfice lui revenant le cas échéant. La loueuse de la salle touche quant à lui le montant convenu pour la location, indépendamment du succès financier de la manifestation.

Les risques liés à l'organisation d'une manifestation étant généralement à la charge de l'organisateur, ce dernier devrait, lors de la planification et pour son propre bien, recenser tous les risques rattachés à la manifestation et vérifier quelle est la couverture d'assurance appropriée.

1.3 Quelles sont les autres personnes impliquées dans l'organisation d'une manifestation ?

L'organisateur ou l'organisatrice et ses collaborateurs entretiennent des relations la plupart du temps contractuelles avec différentes personnes durant l'organisation et jusqu'à la fin d'une manifestation.

On trouve d'un côté les artistes ou les acteurs, qui présentent ou exécutent une œuvre artistique ; il peut s'agir du ou des auteurs d'une œuvre, des interprètes ainsi que du personnel technique et administratif. De l'autre côté se situe le public, qui paie en général un billet d'entrée dans l'attente d'une prestation spécifique qu'il recevra en retour.

D'autres personnes peuvent également intervenir, par exemple des intermédiaires ou des commerciaux comme manager, agents, courtiers, agents artistiques, bureau de concerts, promoteurs de concerts ou de tournées. On trouve également des mandataires comme fiduciaires, avocats, médecins ou encore des entreprises ou des artisans comme peintres, menuisiers, serruriers et restaurateurs.

L'organisateur peut de plus avoir à traiter avec les autorités, par exemple pour les taxes et les autorisations nécessaires. Exceptionnellement, des personnes n'ayant pas de relation directe avec la manifestation peuvent être concernées. On pense à des voisins dont la propriété ou la tranquillité serait dérangée, ou à des passants pouvant être blessés suite à des événements liés à la manifestation.

2 Le cadre approprié : les différentes formes de société ou les types d'entreprise pouvant être pris en compte

Rolf Bühler

Le choix du type de société approprié est un composant important dans le domaine culturel également. Ce n'est pas une chicanerie juridique, mais un élément fournissant une sécurité légale pour le déroulement des projets culturels. Le deuxième chapitre présente les huit principales formes de société.

2.1 Vue d'ensemble

Une personne désirant organiser une manifestation culturelle peut le faire sous forme d'**entreprise individuelle** (activité lucrative indépendante; raison individuelle) ou en collaboration avec d'autres personnes en montant une **société**. En accord avec le droit privé suisse, il existe huit formes de société permettant de s'organiser avec d'autres personnes:

- société simple (art. 530 et suivants CO)
- société en nom collectif (art. 552 et suivants CO)
- société en commandite (art. 594 et suivants CO)
- société anonyme, SA (art. 620 et suivants CO)
- société en commandite par actions (art. 764 et suivants CO)
- société à responsabilité limitée (art. 772 et suivants CO)
- société coopérative (art. 828 et suivants CO)
- association (art. 60 et suivants CC)

Les trois premières formes sont des communautés de droit, les cinq suivantes étant quant à elles des corporations. Tout comme une personne physique, la corporation est sujet de droit et possède une personnalité juridique jouissant des droits civils. Elle peut être propriétaire de biens, peut être poursuivie en justice, etc. Par contre, la communauté de droit ne possède pas de personnalité juridique. Ce sont ses membres qui jouissent de droits et sont soumis à des obligations, et non pas la société en tant que telle.

La forme de société la mieux adaptée permettant de s'organiser de façon collective (société en nom collectif) doit être bien étudiée. Elle est déterminée par les activités planifiées ainsi que les conditions de base.

Important:

Les activités culturelles imaginables sont sans limite: une pianiste planifie un concert en compagnie d'une chanteuse. Un groupe d'étudiants désire monter une pièce de théâtre et engage pour cela un metteur en scène. Un particulier organise un marché médiéval comprenant des représentations exécutées par différents artistes; il est soutenu par d'autres particuliers pour l'organisation et le déroulement de la manifestation (également pour la vente de repas médiévaux et l'exposition d'artisanat d'art).

Il n'est par conséquent pas possible de décrire tous les types de manifestation et les formes de société adaptées à chaque situation. Ce chapitre a plutôt pour objectif de présenter les différentes formes de société, avec leurs avantages et leurs inconvénients. Les organisateurs ou les organisateurs pourront ainsi choisir la forme la mieux adaptée à leur projet.

Il existe trois formes principales d'organisation à partir desquelles des événements culturels peuvent être réalisés. Une personne peut

- agir en tant que raison individuelle,
- créer une société ou une fondation, ou
- agir pour une société ou une fondation déjà existante (celle-ci peut se présenter sous forme d'organisme comme un conseil d'administration ou la direction d'une association. La personne peut agir en tant qu'employé dans un rapport de travail ou en tant que mandataire dans un cadre contractuel).

2.2 La raison individuelle et les huit formes de société

Remarque :
Un excellent aperçu des formes légales possibles peut être consulté sur **www.gruenden.ch**. Ce site Internet permet d'effectuer une comparaison détaillée de différentes formes légales, entre une raison individuelle et une Sàrl par exemple. On y trouve de plus des check-lists aidant au choix d'une forme juridique lors de la création d'une entreprise, ainsi que des modèles et des présentations.

On parle d'une **raison individuelle** lorsqu'une **personne physique** (Monsieur X, Madame Y) agit commercialement et de manière individuelle sous le nom d'une entreprise. Chaque personne étant en principe habilitée à agir seule et à tout moment en tant que raison individuelle, ce n'est pas un hasard si de nombreux entrepreneurs désirant créer une petite entreprise choisissent cette forme légale.

En opposé à la raison individuelle d'une personne physique, on parle de **personnes juridiques** dans les cinq dernières formes de société mentionnées. Il ne s'agit ici pas de personnes physiques, mais d'une organisation légale spécifique jouissant de droits et étant soumise à des obligations propres. Pour les personnes juridiques, une différence est faite entre les corporations, les organismes et les fondations. En tant que personnes juridiques, toutes ces formes jouissent des droits civils, mais seule la corporation est un **groupement de personnes**. C'est la personne juridique, et non pas les individus la composant, qui est par exemple propriétaire d'un objet spécifique (véhicule, meuble de bureau, etc.). Ce n'est qu'au sein d'une corporation que les affiliés possèdent des droits rattachés à la qualité de membre. Celle-ci est aussi autorisée à exercer des droits civils, et elle peut par exemple acquérir commercialement une propriété ou conclure des contrats par l'intermédiaire de son organisme ou de personnes auxiliaires.

La fondation de droit privé est également une personne juridique. Elle n'est toutefois pas un groupement de personnes, mais une personnalité juridique propre et autonome dotée d'un patrimoine destiné à la réalisation d'un objectif. La fondation est une solution idéale pour les institutions culturelles reconnues d'utilité publique et pour la prévoyance personnelle.

Pour une meilleure compréhension sur les différentes formes de société présentées en détail plus en avant, un regard sur le registre du commerce est préalablement nécessaire.

2.3 Qu'est-ce que le registre du commerce ?

Le registre du commerce est une banque de données publique, gérée par les cantons. Les principales informations d'une entreprise sont inscrites dans le registre du commerce.

Les principales informations inscrites dans le registre sont : le nom de l'entreprise (raison sociale), l'année de fondation, le siège, le but social, les noms des propriétaires, les pouvoirs de signature et de représentation.

Toutes les activités professionnelles de nature commerciale doivent être inscrites dans le registre du commerce. En tant qu'activité professionnelle, on entend toutes les activités économiques indépendantes permettant d'en vivre. Les raisons individuelles ne doivent être inscrites que lorsqu'un chiffre d'affaires annuel de CHF 100 000 est atteint. Pour les SA, les Sàrl, les sociétés coopératives, mais aussi les sociétés en nom collectif et les sociétés en commandite, l'inscription est toujours obligatoire. De plus, une SA, une Sàrl ou une société coopérative n'existe qu'à partir du moment où elle est inscrite.

Lors d'une inscription au registre du commerce, la tenue d'une comptabilité est en outre obligatoire (Art. 957 CO) : l'inventaire et le bilan d'ouverture (biens et dettes), un compte de résultat de fin d'année (dépenses et recettes) et un bilan final doivent y figurer.

2.4 Détails de différentes formes d'entreprise

Les différentes formes d'entreprise ayant une fonction particulièrement importante pour l'organisation de manifestations présentées ci-dessous sont expliquées en détails :

- la raison individuelle
- la société en nom collectif
- la société à responsabilité limitée Sàrl
- l'association

2.4.1 La raison individuelle

Quelles sont les conditions requises pour la création d'une raison individuelle ?

Pour sa fondation, une seule personne suffit. Une raison spécifique de création, un contrat, un acte authentifié ou des statuts (convention conforme aux statuts) ne sont pas nécessaires. Une raison individuelle prend forme dès le moment où une personne initie et exerce une activité commerciale de façon individuelle. Les formalités de fondations sont particulièrement simples et économiques. Lorsqu'une personne commence à organiser individuellement des concerts, à monter des expositions ou à engager des troupes de théâtre, la raison individuelle a déjà pris forme. Le **nom de l'entreprise** doit être basé sur le nom de famille du créateur, avec ou sans le prénom. Des dénominations créatives ou techniques peuvent en outre être ajoutées.

Exemples :
Gestion culturelle Nicole Schnyder ; Peter Heinrich, gérant culturel ; Susanne Müller Events

La raison individuelle doit être inscrite au **registre du commerce** lorsque son chiffre d'affaires annuel atteint CHF 100 000 ou plus. Si le chiffre d'affaires d'une raison individuelle est inférieur à CHF 100 000, l'inscription peut malgré tout être faite de manière facultative. Pour effectuer une inscription, le propriétaire de la raison sociale doit s'annoncer auprès de l'office du registre du commerce. L'inscription comprend la raison sociale (nom), le but commercial, le siège, l'adresse commerciale (domicile), ainsi que le prénom et le nom du propriétaire de la raison sociale. L'inscription au registre du commerce a pour effet de protéger le nom de l'entreprise et de soumettre le propriétaire de la raison sociale à la poursuite par voie de faillite, en opposition à la poursuite par voie de saisie (voir chap. 3.4.1.2). L'obligation de s'inscrire au registre du commerce impose de plus la tenue d'une comptabilité en bonne et due forme.

Comment la responsabilité est-elle réglementée ?

Pour les dettes de la raison individuelle, le propriétaire répond en engageant l'ensemble des biens de l'entreprise et de ses biens privés. Les propriétaires de raisons individuelles inscrites au registre du commerce sont également soumis à la poursuite par voie de faillite. La faillite conduit à la liquidation de l'entier de la fortune, alors qu'une poursuite par voie de saisie permet de sélectionner des biens individuels pour le règlement de la dette.

Avantages	Inconvénients
Pas besoin de capital	Les biens privés sont aussi engagés
Pas de formalités lors de la fondation	Responsabilité du propriétaire engagée durant encore 2 ans après l'aliénation de la raison individuelle
Frais de fondation modérés	Inconvénients fiscaux lors de l'aliénation de la raison individuelle
Protection du nom ou de la raison sociale lors de l'inscription au registre du commerce	Acquisition du capital pouvant poser des difficultés
L'inscription au registre offre une plus grande crédibilité	Désavantages en cas de progression fiscale, l'ensemble des gains étant comptabilisé avec les autres revenus du propriétaire
Fiscalité réduite en comparaison à une SA ou une Sàrl par exemple	Les impôts sur les gains de l'entreprise ne sont pas déductibles en tant que dépenses
Travail administratif réduit (absence de procès verbal, de rapport d'activité, d'organe de révision)	Pas de prétention aux allocations familiales lors du dépassement d'un certain niveau de revenu, en accord avec les règlements cantonaux
L'obligation de tenir une comptabilité est peu exigeante	Cotisations AVS plus importantes du fait de la comptabilisation associant les gains, le salaire et les intérêts (pour une SA ou une Sàrl, seul le salaire ordinaire est pris en compte)

Remarque :
Chaque cas étant différent, des allégations d'ordre général sur les avantages et les inconvénients fiscaux sont difficiles à établir. De ce fait, il est conseillé de faire appel à un spécialiste de la branche pour des informations plus détaillées.

Quels sont les avantages et les inconvénients existants ?

2.4.2 La société simple selon art. 530 et suivants du CO

La société simple est une association de personnes physiques ou juridiques, créée dans un but commun et sans raison sociale propre. Dans la plupart des cas, la société simple sert à la poursuite d'un objectif temporaire et n'existe que pour une période limitée.

La société simple n'est pas une personne juridique. Ce sont toujours les associés qui exercent les droits et qui s'engagent, et non pas la société en tant que telle. Elle présente la forme la plus simple d'une société de personnes.

La société simple est une forme de base du droit des sociétés, qui trouve toujours son utilité lorsque les conditions requises pour la création d'un autre type de société ne sont pas réunies. Dans la pratique, la société simple prend souvent forme sans que les personnes n'en soient conscientes.

Important:
Deux personnes qui organisent ensemble un concert ou un autre événement culturel forment déjà une société simple. De la même manière, des musiciens ou un groupe musical constituent une société simple si aucun autre arrangement n'est conclu. Un groupe de travail oeuvrant sur un projet commun forme également une société simple. Cela peut être des architectes tenant ensemble un bureau d'architecture, des comités d'initiative ou des associations occasionnelles travaillant pour la réalisation d'un voyage en commun par exemple.

La société simple peut poursuivre des buts économiques ou non économiques.

Attention:
La société simple n'est pas adaptée aux missions présentant de gros risques économiques, comme la direction d'une entreprise commerciale. Si un groupe de personnes désire faire de sa société d'organisation de manifestations culturelles un gagne-pain à long terme, la société simple est déconseillée. Aussitôt qu'une société simple exerce une activité commerciale, elle se transforme automatiquement en société en nom collectif (voir chap. 2.4.3).

Quelles sont les conditions requises pour la création d'une société simple ?

Deux ou plusieurs personnes sont requises pour la fondation. Une entente créée pour réaliser un objectif commun est suffisante. En accord avec la loi, la société simple n'exige pas d'acte de fondation spécifique et n'est soumise à aucune prescription de forme. Le contrat s'y rapportant peut ainsi être conclu d'une forme quelconque, y compris oralement ou par le comportement. Malgré cela, un contrat écrit est fortement recommandé. Sans règlement apportant des modifications, les prescriptions légales stipulées dans les articles 530 et suivants du CO sont appliquées.

La société simple s'affiche comme une communauté d'intérêt économique. Elle ne possède pas de nom au sens propre ni de raison sociale autonome. Il n'est par ailleurs pas possible de l'inscrire au registre du commerce. Comme elle ne possède pas de personnalité juridique, il n'est pas possible de poursuivre en justice ou d'accuser une société simple. Seuls les partenaires en tant que personnes peuvent être accusés ou poursuivis en justice.

Comment la responsabilité est-elle réglementée ?

Tous les associés répondent de manière solidaire et illimitée pour les dettes de la société. Ils ne répondent pas uniquement pour leurs propres dettes, mais pour l'ensemble du passif de la société en y engageant leurs biens privés, indépendamment de leur responsabilité personnelle. De plus, la responsabilité n'est pas limitée à un montant déterminé.

Comment les rapports externes et internes sont-ils réglementés ?

Vis-à-vis de l'extérieur, chaque associé peut négocier au nom de la société ou des autres partenaires de façon définitive, aussi longtemps que la direction des affaires lui est confiée. En accord avec les articles 32 et suivants du CO, les dispositions relatives à la représentation directe sont appliquées. Toutefois, les partenaires assument en commun les conséquences découlant de ces actes. Ils sont par exemple propriétaires collectifs des biens acquis pour la société, ou tous bénéficiaires si un débiteur leur est redevable.

Les droits et les obligations internes des associés peuvent être réglés contractuellement de forme libre. Les dispositions légales sont en vigueur si aucunes autres clauses n'ont été stipulées dans le contrat de la société. Un associé n'a par exemple pas la possibilité d'exiger une indemnité relative à un service spécifique si aucune clause ne va dans ce sens. De plus, les règles de l'unanimité et du vote par tête sont également appliquées. Comme cité plus haut, des modifications peuvent être fixées contractuellement.

Toutefois, il existe des dispositions obligatoires ne pouvant être modifiées dans le contrat, en accord avec les règlements suivants : art. 531 al. 1 (chaque associé doit impérativement faire un apport), art. 532 (partage des bénéfices), art. 539 al. 2 et 3 (révocation et restriction du pouvoir de gérer), art. 541 (droit de se renseigner sur les affaires de la société par les associés même s'ils n'en ont pas la gestion), art. 545 al. 1 ch. 7 et al. 2 (dissolution de la société) CO.

Comment a lieu la dissolution de la société ?

De manière générale, la société simple est dissolue lorsque le but est atteint. La société dissolue est liquidée et un éventuel solde positif est partagé. Si aucun autre accord n'est stipulé, les bénéfices ou les pertes sont divisés entre les différentes personnes de manière égale.

Si la société a été créée pour une période indéterminée, chaque associé ou chaque associée est autorisé(e) à demander sa dissolution en respectant un délai de préavis de six mois.

En outre, la société est dissolue dès l'instant où un associé quitte ses fonctions. Une règle différente peut toutefois être établie contractuellement. Le transfert d'une affiliation et l'adhésion de nouveaux associés ne peuvent être effectués qu'avec le consentement de tous les autres partenaires. Des modifications contractuelles peuvent être apportées dans ce cas également, avec le vote majoritaire par exemple.

Quels sont les avantages et les inconvénients existants ?

On retrouve ici pratiquement les mêmes avantages que pour une raison individuelle. Les sociétés simples sont en principe considérées en tant qu'activités professionnelles indépendantes, de manière presque identique à la raison individuelle.

Avantages	Inconvénients
Création rapide, bon marché et sans formalité	Responsabilité solidaire et illimitée pour les dettes
La tenue d'une comptabilité n'est pas obligatoire	Nombre déterminé d'associés, d'où la difficulté d'accueillir de nouveaux membres
Grande flexibilité des rapports internes entre les associés	N'est pas adaptée aux objectifs risqués et à long terme
Neutralité fiscale (chaque associé est taxé séparément : les impôts sur les bénéfices sont décomptés une seule fois et non pas deux comme avec une SA ou une Sàrl par exemple)	
Plus grande crédibilité grâce à la responsabilité solidaire et illimitée	

Les éléments à régler dans le contrat de la société sont :

1. Qui sont les personnes associées (nom et adresse) ?
2. Quel est le but de la société ?
3. Quel est le nom de la société simple, et éventuellement à qui appartiennent les droits sur le nom de la société (également en cas de dissolution ou si un ou plusieurs partenaires quittent la société) ?
4. Pour quelle durée le contrat doit-il courir (durée indéterminée ou limitée) ?
5. Quelle est la contribution des associés, acquisition de matériel par exemple (qui en est le propriétaire, qui s'occupe de son entretien) ou prestations de services (responsabilités, règlement des indemnisations pour les travaux effectués, frais de fonctionnement) ?
6. Qui représente la société envers l'extérieur et qui est autorisé à signer des contrats ?
7. Comment sont partagés les gains ou les pertes ?
8. Comment les décisions doivent-elles être prises au sein de la société (majorité simple des voix, majorité spécifique, unanimité) ?
9. Que se passe-t-il en cas de départ d'un partenaire (dissolution de la société) ? Un associé peut-il être exclu ?
10. Que se passe-t-il lors de la dissolution de la société simple ?

11. Un for unique et éventuellement un règlement à appliquer doivent-ils être déterminés ?

12. Lieu, date et signatures de tous les associés.

Consultez également les exemples de contrat de société dans : Streiff/Pellegrini/von Kaenel, page 281 et suivantes et (pour un groupe de musique) dans : Wegener, pages 458 et suivantes.

Important :

Sans modification du contrat, l'unanimité des associés est toujours requise. Chaque associé et chaque associée doit obligatoirement faire un apport, que ce soit par du travail, des fonds ou du matériel. Indépendamment des règlements internes stipulés dans le contrat, toutes les associées et tous les associés répondent intégralement pour toutes les dettes de la société envers l'extérieur. Les travaux réalisés par les partenaires en faveur de la société ne doivent pas être indemnisés si aucun arrangement n'a été conclu dans ce sens.

Les associées et les associés tacites font également des apports, mais ils n'apparaissent pas hors du cadre de la société. Ils sont également impliqués pour les gains ou les pertes et possèdent un droit d'intervention interne, mais ils n'ont pas de droits à faire valoir ou d'obligations à remplir envers l'extérieur.

2.4.3 La société en nom collectif selon art. 552 et suivants du CO

La société en nom collectif est une association de deux ou plusieurs personnes physiques ayant pour intention d'exploiter ensemble une entreprise selon les règles commerciales. En tant qu'associé, on s'engage à investir un capital et à travailler activement au sein de la société. Comme pour la société simple, la société en nom collectif n'a pas de personnalité juridique propre et n'est donc pas une personne juridique. Elle est toutefois autonome envers l'extérieur et possède sa propre raison sociale. Elle représente une forme juridique adaptée aux petites et moyennes entreprises (PME) dans lesquelles la personnalité des associés occupe une place prépondérante. Au contraire de la société simple, la société en nom collectif est créée pour des objectifs à long terme et apparaît sous son propre nom dans le mouvement des affaires. Elle peut (et non pas les associés) acquérir des droits, contracter des obligations, paraître comme plaignante ou défendeur auprès d'un tribunal, engager des poursuites ou être elle-même poursuivie.

Sa fondation a lieu lors de la conclusion d'un contrat entre deux ou plusieurs personnes physiques. Si des personnes juridiques sont impliquées, ce n'est pas une société en nom collectif qui est créée, mais uniquement une société simple. Le contrat n'a pas besoin de présenter une forme spécifique.

Quelles sont les conditions requises pour la création d'une société en nom collectif ?

Important :
L'établissement d'un contrat écrit est fortement conseillé, pour lequel l'assistance d'un spécialiste en affaires juridiques est requise afin d'éviter d'éventuels conflits ultérieurs. Les points suivants devraient être réglés dans le contrat :
– les parties contractantes
– la raison sociale, le but et le siège
– les apports en capitaux et les autres obligations des associés
– l'assemblée des associés et la prise de décision
– la direction, la représentation, les droits de vote
– les indemnités et la répartition des bénéfices et des pertes
– sorties, dénonciations, liquidation

Le lieu du siège de la société en nom collectif détermine à quel endroit elle doit être inscrite au **registre du commerce**. Elle prend toutefois forme avant l'inscription, dans la mesure où une activité commerciale est mise en place antérieurement. Les petites entreprises présentant un chiffre d'affaires annuel inférieur à CHF 100 000 n'ont pas besoin de s'inscrire au registre du commerce ; elles sont considérées comme des sociétés simples (voir chap. 2.4.1).

La **raison sociale** d'une société en nom collectif peut comporter le nom de toutes les associées et tous les associés. Le nom d'un seul associé ou d'une seule associée est toutefois suffisant si celui-ci apparaît avec un ajout indiquant l'existence d'une relation d'associés.
Exemples :
Meier, Sigrist et Schmid ; Meier, Sigrist & Co. ; Meier & Co. ; Meier et Partenaires ; Meier Frères ; Meier & Famille ; Successeurs Meier

Comment la responsabilité est-elle réglementée ?

Pour les obligations de la société, les associées et les associés répondent au moyen de leurs propres biens, c'est-à-dire avec leur fortune privée également, de manière solidaire et illimitée. De plus, cela est valable jusqu'à cinq ans après une sortie de la société ou de sa liquidation. Chaque associée et chaque associé ne peut toutefois être poursuivi personnellement que si la société en nom collectif a été poursuivie sans succès au préalable. De nouveaux associés et associées rejoignant une société en nom collectif répondent également pour les obligations contractées avant leur entrée dans celle-ci.

Comment les rapports externes et internes sont-ils réglementés ?

Chaque associé ou chaque associée est en droit de représenter la société en nom collectif. Ils ont toutefois la possibilité d'établir contractuellement des règles différentes, en excluant un un associé ou une associée de la représentation par exemple. La restriction des possibilités de représentation devrait cependant être inscrite au registre du commerce, celle-ci n'ayant pas de validité auprès d'autres personnes de bonne foi dans le cas contraire.

Les rapports internes entre les associées et les associés sont réglés en accord avec les clauses du contrat de la société. Si aucune modification n'est mentionnée (ou s'il n'existe aucun règlement), ce sont les dispositions légales qui sont appliquées. Celles-ci correspondent aux règles valables pour la société simple. Chaque associé et chaque associée a de plus le droit de toucher, au cours de l'exercice annuel, les intérêts relatifs à sa part de capital et la rémunération correspondant à son travail, si cela a été convenu comme tel. Le paiement d'une part de bénéfice présuppose l'existence de gains.

Comment a lieu la dissolution de la société ?

Les causes d'une dissolution sont
- l'ouverture de la faillite,
- la dénonciation et la sortie d'un associé, le décès d'un associé,
- une demande de dissolution de la part d'un associé ou
- la transformation de la société en nom collectif dans une autre forme juridique.

Il est possible de stipuler contractuellement la continuation de la société sous la direction des autres associés en cas de dénonciation et sortie ou de décès d'un associé ou d'une associée (art. 376 CO). Le juge peut prononcer l'exclusion d'un associé, permettant ainsi à la société de continuer avec les partenaires restants (art. 577 CO).

Quels sont les avantages et les inconvénients existants ?

Les avantages et les inconvénients sont similaires à ceux de la société simple, et l'on peut se référer aux explications correspondantes.

Avantages	Inconvénients
Pas de capital constitutif nécessaire	Risques élevés en matière de responsabilité personnelle
Création simple, facile et relativement bon marché	Grande interdépendance des associés (la sortie d'un seul associé peut mettre la société en danger et de nouveaux associés ne peuvent adhérer qu'avec l'accord des associés existants)
	Prohibition de concurrence (sans le consentement de tous les autres associés, un partenaire ne peut pas agir dans le même secteur commercial, que ce soit en tant qu'indépendant ou comme membre d'une autre société en nom collectif, en commandite ou d'une Sàrl) Processus compliqué pour la succession
	Les partenaires doivent bien s'entendre et suivre des buts communs

2.4.4 La Sàrl selon art. 772 et suivants du CO

Une société à responsabilité limitée (Sàrl) est une association réunissant deux ou plusieurs personnes ou sociétés commerciales, disposant d'un capital-actions prédéterminé pour la formation d'une entreprise propre. Elle est un sujet de droit indépendant possédant sa propre personnalité juridique, jouissant des droits civils et pouvant exercer ceux-ci dans les rapports juridiques. Chaque associé et chaque associée est engagé avec une part au capital social et porte généralement la responsabilité à hauteur de sa part sociale (dans le cas où le capital-actions a été versé dans sa totalité). Les droits sur les biens de la société reviennent à la Sàrl, et non pas aux associés ou aux associées. Ceux-ci ne possèdent que les droits rattachés à la qualité de membre, en égard à l'autonomie de la Sàrl.

Depuis l'introduction du nouveau droit sur la société anonyme en 1992, la Sàrl a gagné en importance. On trouve aujourd'hui plus de 60 000 Sàrl inscrites au registre du commerce.

Quelles sont les conditions requises pour la création d'une Sàrl ?

Au minimum deux associés ou deux associées (personnes physiques ou juridiques) sont requis pour la fondation d'une Sàrl. L'acte constitutif doit être authentifié publiquement (par un notaire ou un fonctionnaire habilité à cette tâche). Le capital-actions minimum est de CHF 20 000. La moitié de celui-ci doit être versée ou couverte par des apports en nature. Chaque associé ou chaque associée n'a le droit de posséder qu'une seule part sociale. Les parts sociales peuvent toutefois être de montants différents, la part minimum étant de CHF 1000.

Les statuts de la société peuvent être conçus de manière très simple. Ils doivent cependant contenir les dispositions sur la raison sociale (nom), le siège et le but de la société, le capital-actions, le montant des parts sociales de chaque associé et la forme de publication.

Check-list pour la création

Pour la création d'une Sàrl, il est conseillé de consulter la check-list ci-dessous :

- budgétiser les frais de fondation
- définir la raison sociale (« Sàrl » doit obligatoirement apparaître)
- déterminer le capital-actions, les parts sociales et la libération (paiement en espèces et/ou apport en nature)
- décider du siège de la Sàrl
- choisir les associés et la direction
- choisir la banque, ouvrir le compte bloqué destiné aux parts sociales
- s'assurer de la recevabilité de la raison sociale auprès du registre du commerce
- rédiger l'acte constitutif et les statuts, remettre les actes constitutifs au notaire et à l'office du registre du commerce pour le contrôle
- si un organe de révision a été désigné, en demander l'acceptation

– tenir l'assemblée constitutive
– effectuer l'inscription auprès de l'office du registre du commerce
– ordonner la libération des parts sociales auprès de la banque
– si du personnel est engagé, inscription auprès de la caisse de compensation de l'AVS et conclusion des contrats pour les assurances obligatoires LPP et LAA
– demander le numéro de TVA auprès de l'administration fédérale des contributions, dans le cas d'un assujettissement à la TVA

la Sàrl n'existe qu'à partir du moment où elle est inscrite au **registre du commerce**. La **raison sociale** ou le nom de l'entreprise peuvent être basés sur un nom de personne et/ou une dénomination créative. Dans tous les cas, l'ajout « Sàrl » doit être apparent.

Comment la responsabilité est-elle réglementée ?

Chaque associé ne répond en principe qu'à hauteur des sa propre part sociale. Mais si le capital-actions n'est pas versé dans sa totalité (CHF 10 000 au lieu de CHF 20 000 par exemple), chaque associé répond solidairement à hauteur de la part non versée. Un associé n'a pas la possibilité de se libérer de cette responsabilité en réglant entièrement sa part sociale, car chaque associé répond pour les parts non versées de tous les partenaires. Lorsque l'entier du capital-actions a été versé, les associés sont libérés de la responsabilité solidaire.

Comment les rapports externes et internes sont-ils réglementés ?

En accord avec le CO, les associés membres de la direction bénéficient des droits et sont soumis aux obligations en commun pour la représentation. Par conséquent, la Sàrl ne peut être représentée auprès de tiers que si tous les associés et toutes les associées participent. Cette règle étant souvent contraignante, voire impraticable, il en découle généralement une modification lors de la rédaction des statuts enregistrés au registre du commerce. Une représentation collective ou même une représentation individuelle peut ainsi être autorisée. Si les statuts ne prévoient pas de clauses différentes, c'est le principe du fait de représenter en personne qui est appliqué, c'est-à-dire que les membres fondateurs sont également les gérants de l'entreprise.

Bien entendu, la direction de l'entreprise peut également être confiée à une personne n'étant pas associée, sous la forme d'un contrat de travail avec la Sàrl par exemple. L'organe suprême de la Sàrl est l'assemblée des associés. Elle doit être convoquée annuellement par la direction de l'entreprise, dans les 6 mois suivant la clôture de l'exercice financier.

L'assemblée des associés
– établit les statuts ou les modifie,
– élit et défait la direction de ses fonctions,
– approuve les comptes des bénéfices et des pertes ainsi que le bilan et
– détermine l'utilisation des bénéfices et décharge la direction.

Comment a lieu la dissolution de la société ?

La faillite de la société ou d'un associé est une des raisons principales de dissolution légale. Lors de la faillite d'un associé ou d'une associée, les associés restants peuvent éviter la dissolution (art. 764 CO), en acceptant un nouvel associé ou une nouvelle associée par exemple. Par contre, si l'ensemble des associées et des associés n'arrive pas trouver un accord et qu'aucune autre solution n'est convenue, la dissolution est maintenue.

De plus, les statuts peuvent stipuler d'autres causes de dissolution. Il est également possible de voter celle-ci lors de l'assemblée des associés. La Sàrl peut encore être dissoute par une sentence juridique pour des raisons importantes et internes à la société, par exemple lorsque la poursuite des objectifs n'est plus réalisable par les associés et les associées. Un changement d'associé est en principe aussi possible, dans le cas ou l'associé quittant la société cède sa part à un nouveau membre (art. 791 CO).

Quels sont les avantages et les inconvénients existants ?

Avantages	Inconvénients
Une Sàrl peut être créée avec seulement CHF 20 000	Double imposition fiscale : imposition de la Sàrl (impôt sur le bénéfice net et sur le capital) et imposition des associés (impôt sur le revenu des bénéfices versés et impôt sur la fortune)
Limitation de la responsabilité	Les frais de création s'élèvent à un minimum d'env. CHF 4000
Seulement deux fondateurs sont nécessaires	Frais de gestion plus élevés que pour une raison individuelle
Pas de prescription de nationalité	Préjudice pour les associés minoritaires
Organe de révision facultatif	Les propriétés de biens sont visibles dans le registre du commerce
Les statuts peuvent être rédigés simplement	La transmission et la vente des parts sociales sont nettement plus compliquées qu'avec une SA
La transmission des parts peut être limitée, élément pouvant être significatif dans le cas d'entreprises réduites ou familiales	Les membres de la direction d'une Sàrl s'exposent à la poursuite par voie de faillite
Les associés employés par la société sont considérés comme salariés et touchent des allocations pour enfants	
La société peut sans problème acquérir des propres parts	

Avantages	Inconvénients
Toutes sortes d'obligations touchant les associés peuvent être ajoutées aux statuts (devoir de fidélité, prohibition de faire concurrence, obligations de prestations)	
Les salaires des associés travaillant dans l'entreprise sont déductibles lors du calcul des bénéfices imposables	
Les impôts peuvent être déduits en tant que frais	
Les cotisations AVS ne sont pas calculées sur le total des bénéfices, mais uniquement sur le salaire net de l'entrepreneur	

Remarque :
La possibilité de créer une Sàrl à une seule personne (un seul associé) est en projet de loi. La personne pourra ainsi fonctionner d'une forme similaire à la raison individuelle, mais avec les avantages d'une Sàrl (principalement la limitation de la responsabilité).

Attention :
La Sàrl fait à l'heure actuelle l'objet d'une révision de la loi. Les innovations suivantes sont prévues :
- le capital-actions devra être versé dans sa totalité
- organe de révision obligatoire pour les Sàrl plus importantes
- parts sociales d'une valeur minimum de CHF 100 seulement
- plus de restriction sur le montant maximum du capital (2 mio. CHF max. jusqu'à ce jour)
- suppression de la responsabilité personnelle et solidaire des associés pour le paiement du capital
- facilités pour la transmission de parts sociales
- buts non commerciaux (idéaux) également admis

2.4.5 L'association selon art. 60 et suivants du CC

L'association est un regroupement de personnes souhaitant atteindre un objectif (idéal) spécifique. La condition requise pour la création et le maintien d'une association est la présence de membres désirant orienter et diriger celle-ci. Pour son maintien et son fonctionnement, l'association ne dépend en principe pas du changement de ses membres.

En tant que corporation, l'association est une personne juridique indépendante possédant des droits et des obligations dans les rapports juridiques. Elle exerce ses droits et ses obligations à l'aide d'un des ses organes, comme le comité de l'association par exemple.

Une association n'est normalement pas conçue pour la poursuite de buts économiques. Elle est destinée à la réalisation d'idéaux et ne doit ainsi pas être mise en place dans l'idée d'obtenir des avantages économiques pour ses membres. Une association est par contre autorisée à utiliser des moyens commerciaux pour atteindre ses objectifs. Dans ce cas, elle doit être inscrite au registre du commerce.

Une association peut toutefois être dirigée par un gérant ou une gérante, à qui sera évidemment versé un salaire correspondant à sa charge.

Dans quelles situations l'association en tant que forme juridique doit-elle être choisie ?

Dans les cas suivants, il est recommandé de choisir l'association en tant que forme juridique :

- la corporation désire poursuivre des buts idéaux et non pas économiques
- une certaine continuité est recherchée et le groupement agit vers l'extérieur, au bénéfice de tiers
- la personnalité des membres et non pas leur engagement financier doit figurer au premier plan
- la corporation est en principe responsable en cas de dettes. Celle-ci doit pouvoir posséder des biens propres
- la corporation doit si possible pouvoir défendre légalement et en nom propre ses intérêts

Quelles sont les conditions requises pour la création d'une association ?

Dès l'instant ou la volonté de se former en corporation est visible dans les statuts, l'association acquiert une personnalité juridique. Les statuts doivent être établis par écrit et ils doivent contenir le but (devoir) de l'association, ses moyens financiers (recettes) et des explications sur son organisation. Le siège peut être déterminé de façon autonome. Deux personnes physiques et/ou juridiques peuvent déjà créer une association.

Check-list pour la création d'une association

L'équipe montant le projet doit

- déterminer le but et le nom de l'association, préparer une ébauche des statuts et trouver des membres pour le comité,
- préparer l'assemblée constitutive :
  qui reçoit les personnes invitées, qui prend en charge la présidence du jour et qui tient le procès verbal ?
  établir un ordre du jour (quels sont les sujets à traiter ?),
  préparer une liste de présences,
  envoyer les invitations (avec une présentation du groupe d'initiative, l'ébauche des statuts, l'ordre du jour),
- tenir l'assemblée constitutive,

inscrire les membres fondateurs sur la liste des présences,
lire et signer le procès verbal,
remplir les bulletins d'adhésion des personnes désirant s'associer.

L'association répond pour les actes du comité dans son ensemble ou des membres du comité de façon individuelle. Elle exerce directement ses droits et ses obligations à l'aide d'un des ses organes (le comité par exemple).

Comment la responsabilité est-elle réglementée ?

Important :
Dans la mesure où les statuts ne contiennent pas de clauses différentes, l'association répond exclusivement à l'aide de ses biens pour ses obligations. La responsabilité personnelle des membres est donc exclue, si aucun article ne stipule le contraire dans les statuts.

En accord avec la loi, l'association doit présenter au minimum deux organes, c'est-à-dire l'assemblée générale (assemblée des membres de l'association) et le comité. L'assemblée générale est obligatoirement l'organe suprême de l'association et prend les décisions fondamentales.

La désignation du comité est à l'origine d'un contrat entre l'association et les membres du comité, généralement une mission à remplir.

Comment les rapports externes et internes sont-ils réglementés ?

En principe, l'association ne peut agir qu'à partir du moment où son organisation est bien établie et que ses organes (principalement le comité) sont désignés. Dès cet instant, le comité s'occupe de la marche des affaires et représente l'association envers l'extérieur. Chaque membre du comité est en principe habilité à représenter l'association vis-à-vis de l'extérieur, sauf si le pouvoir de représentation est limité par des décisions statuaires ou règlementaires. Cette réglementation interne n'est toutefois valable auprès de tiers que si les limitations ont été rajoutées ou inscrites préalablement au registre du commerce.

Comment a lieu la dissolution de l'association ?

L'association peut en principe être dissoute à tout moment, par exemple lorsque le but de l'association est atteint, que tous les objectifs annexes ont été réalisés, que le but ne répond plus aux besoins ou que le développement social a rendu l'association inutile. Pour autant que les statuts ne comportent pas de prescriptions indiquant le contraire, la décision de dissolution peut être votée à la majorité des membres présents à l'assemblée générale.

De plus, une association n'étant plus solvable est dissoute en accord avec la loi, que ce soit par une décision de dissolution décrétée par l'association elle-même ou par voie de faillite.

Remarque :
Le livre « Unser Verein, Handbuch für Vorstand und Mitglieder », issu des observations pratiques de Vreni Schawalder, fournit un excellent aperçu des associations ainsi que des conseils pour leur fonctionnement. Ce livre

contient entre autres des exemples de statuts, un exemple de protocole constitutif, un règlement interne, un règlement du comité. Il inclut également des descriptions de fonctionnement pour la direction, pour le trésorier ou pour les relations publiques. On y trouve aussi une explication sur le fonctionnement du secrétariat comprenant les invitations aux assemblées, le procès verbal d'une séance de comité, une liste des objets pendants, des courriers d'invitation pour l'assemblée générale, des exemples d'ordre du jour pour l'assemblée générale, etc.

2.4.6 Autres formes d'entreprise

La **société en commandite par actions** étant pratiquement insignifiante dans le droit suisse et la **société en commandite** ainsi que la **société coopérative** n'ayant que peu d'importance dans le droit traitant de l'organisation de manifestation, ces formes ne seront pas abordées ici.

La Sàrl est à ce jour le type de personne juridique le plus couramment choisi pour la création d'une société se destinant à l'organisation de manifestations. De ce fait, une présentation détaillée de la **société anonyme** ne s'avère pas non plus nécessaire le cas présent. Pour la création d'une SA, il est de toute manière impératif d'obtenir des conseils juridiques ou de faire appel à un notaire pour clarifier les différents points utiles.

Pour finir, la **fondation** occupe une place relativement importante dans le droit traitant de l'organisation de manifestations. Sa fonction se situe toutefois plus au niveau du parrainage que de l'organisation en elle-même. La création d'une fondation destinée à l'organisation de manifestations est une situation extrêmement rare.

Remarque :
On trouve un bon aperçu sur la SA dans « AG, GmbH oder Einzelfirma ? Aktueller Ratgeber für den Unternehmer zur Wahl der richtigen Rechtsform » d'Adolf Beeler. L'ouvrage contient une liste d'avantages et d'inconvénients, des check-lists pour la création de sociétés ainsi que divers questionnaires et exemples.

2.5 Textes de référence

Sources juridiques :
Le Code civil suisse, CC, RS 210.
Le Code suisse des obligations, CO, RS 220.

Autres ouvrages :
Basler Kommentar zum Schweizerischen Privatrecht, éd. Honsell, Heinrich ; Vogt Nedim, Peter ; Geisser, Thomas : Obligationenrecht II, Art. 530–1186, 2e édition. Bâle, Genève, Munich 2002.
Beeler, Adolf : AG, GmbH oder Einzelfirma, 3e édition. Berne 2000.
Beobachter-Ratgeber : Schawalder, Vreni : Unser Verein. Zurich 2003.
Beobachter-Ratgeber : Winistörfer, Norbert : Ich mache mich selbständig, 9e édition. Zurich 2004.
Chaudet, François : Droit suisse des affaires, 2e édition. Bâle 2004.
Hausheer, Aebi : Das Personenrecht der Schweiz. Berne 1999.
Meier-Hayoz, Arthur ; Forstmoser, Peter : Grundriss des Schweizerischen Gesellschaftsrechts, 9e édition. Berne 2004.
Montavon, Pascal : Abrégé de droit commercial : entreprise individuelle, sociétés de personnes, SS SNC SC, sociétés de capitaux et mixtes, SA SARL SCOOP, registre du commerce, raisons de commerce, droit comptable, loi sur la fusion, groupes cartels concurrence, papiers-valeurs, fonds de placement, droit boursier, 3e édition. Lausanne 2004.
Personenrecht des ZGB, Studienbuch und Bundesgerichtspraxis, 2e édition. Berne 2002.
Ruedin, Roland : Droit des sociétés, 2e édition. Berne 2007.
Scyboz, Georges ; Gilliéron, Pierre-Robert ; Scyboz, Pierre : Code civil suisse et Code des obligations annotés, 7e édition. Lausanne 2004.
Sprecher, Thomas ; von Salis-Lütolf, Ulysses : Die Schweizerische Stiftung – Ein Leitfaden. Zurich 1999.
Tercier, Pierre ; Amstutz, Marc (éd.) : Commentaire romand, Code des obligations II, Code des obligations art. 530–1186, avec une introduction à la loi sur la fusion. Genève et al. 2007.
Wegener, Poto : Musik und Recht. Schweizer Handbuch für Musikschaffende. Starnberg et Munich 2003.
Exemples de contrats de société dans : Streiff, Ullin ; Pellegrini, Bruno ; von Kaenel, Adrian : Vertragsvorlagen, 3e édition révisée. Zurich 1999.
www.gruenden.ch: un aperçu des formes juridiques et des choix possibles. Les formes juridiques disponibles peuvent être comparées.

3 «Aspects préliminaires» lors de la planification d'une manifestation culturelle

Rolf Bühler, Rolf Keller (chap. 3.5)

Avant de planifier un événement, il est conseillé de prendre connaissance des prescriptions légales et de savoir quelles restrictions issues du droit fondamental influent sur la liberté artistique. Le troisième chapitre explique en outre la collecte de fonds et les possibilités de promotion de la culture en Suisse.

Avant de planifier et d'organiser une manifestation culturelle, des questions juridiques touchant aux limites de la liberté artistique doivent être clarifiées. Même si la liberté artistique fait partie des droits fondamentaux, il existe des **restrictions propres au droit civil, au droit pénal et au droit administratif** qu'un organisateur se doit de respecter.

3.1 La liberté artistique

La liberté artistique fait partie des **droits fondamentaux** des individus face à l'Etat, en accord avec la constitution et les conventions internationales des droits de l'homme. C'est un droit du citoyen en regard à l'Etat (Confédération, cantons et communes), garantissant le respect de la liberté artistique en tant que droit fondamental. Il exclut par exemple la censure inutile d'un film ou l'interdiction d'une exposition.

D'un point de vue juridique, il est n'est pas nécessaire et sans aucun sens de définir précisément ce qu'est l'art. Une **conception libre de l'art** fait en sorte d'éviter que l'Etat impose sa notion d'art correct, véritable ou de qualité. Pour cette raison, il faut se tenir à des critères universels relevant le caractère artistique du sujet traité : les créateurs revendiquent- ils présenter de l'art (point de vue du créateur) ? Le public concerné, d'autres créateurs ou des experts en la matière perçoivent l'œuvre en tant que réalisation artistique (vue extérieure) ? La manifestation se déroule-t-elle dans un lieu spécifique comme une galerie, un théâtre ou un centre culturel ?

Le propre point de vue de l'artiste et la perception du public (vue extérieure) incluant le milieu artistique, les critiques et le marché de l'art, fournissent des indices permettant de définir s'il s'agit d'une œuvre artistique. Dans l'affirmative, celle-ci entre dans le domaine protégé de la liberté artistique.

La liberté artistique est un droit octroyé à toutes et tous, indépendamment de la nationalité, de la profession ou du statut. Dans ce domaine, la protection ne concerne pas uniquement les artistes ou les créateurs, mais également les organisateurs ou les intermédiaires (propriétaires de galerie ou de cinéma, agents artistiques ou éditeurs par exemple), et même le public en tant que consommateur d'art.

La production et la divulgation d'une œuvre d'art font aussi partie du domaine protégé de la liberté artistique si les personnes impliquées poursuivent un but commercial. La publicité pour un événement ou pour une œuvre d'art est ainsi également protégée par ce droit.

Par contre, si le but commercial est clairement prioritaire et que l'aspect artistique n'est qu'un prétexte (dans le cas d'un peep-show par exemple), une prétention à la liberté artistique devient problématique, voir même abusive. La distribution commerciale d'art en série (posters, cartes postales artistiques) ou l'exposition d'œuvres d'art dans des vitrines de grands magasins sont des exemples de cas limites dans ce domaine.

3.2 Restrictions de la liberté artistique

La liberté artistique peut être limitée par le régime de droit, si la restriction
- est fondée sur un élément légal,
- concerne des intérêts publics,
- est maintenue dans des proportions normales et
- respecte l'essence du contenu artistique.

La liberté artistique atteint ses limites lorsqu'elle entre en conflit avec les droits fondamentaux ou la liberté individuelle d'autres personnes, ou si elle affecte les intérêts de la communauté. C'est ici le droit de la personnalité qui est concerné. En plus du droit à la vie et du respect de l'intégrité physique, celui-ci garantit en particulier le respect de l'intégrité psychique, de la sphère intime et privée, de l'honneur et du droit du nom.

3.2.1 Restrictions relatives au droit civil

Les limitations dictées par le droit civil concernent les restrictions en matière de droit privé, et en particulier les règles du code civil.
A quel moment la personnalité d'un individu est-elle atteinte ?

Selon la constitution légale, la protection de la personnalité accorde à un individu la protection de sa dignité, de son honneur et de sa sphère privée. Elle englobe également son droit à l'autodétermination ou à l'autopromotion et la protection de ses données personnelles.

A quel moment la personnalité d'un individu est-elle atteinte ?

Selon le droit civil, la protection de la personnalité se base sur le droit fondamental de la protection de la sphère privée. En accord avec l'article 28 du CC, un individu dont la personnalité est atteinte illicitement par une œuvre d'art ou une manifestation artistique peut faire appel à la justice et se retourner contre toutes les personnes impliquées.

Avant tout des mots ou des présentations visuelles liés à une œuvre d'art peuvent porter atteinte à la personnalité d'un individu. Il peut s'agir des textes littéraires, d'une caricature politique, d'une satire ou d'un cabaret politique.

Dans une telle situation, il s'agit de savoir si la priorité est donnée à l'expression des opinions et à la liberté artistique ou à la protection de la personnalité des individus affectés.

Exemple :

Des exemples concrets de comparaisons entre le droit fondamental lié à sphère privée et le droit fondamental relatif à la liberté artistique se trouvent dans l'ATF 70II127 et suivants (Hodler auf dem Totenbett) ou l'ATF 95II481 (Medityrannis). Dans le cas de Hodler, il a été décrété que la liberté artistique devait prendre en compte le droit au respect d'une proche, ici la veuve de Hodler. Concernant le cas Medityrannis, le Tribunal fédéral a jugé qu'une caricature publiée dans le Tages-Anzeiger était nuisible et blessante. Il n'existait pas d'intérêt public pour cette satire ayant pour objectif le divertissement des lecteurs.

Objets soumis à la protection de la personnalité

Les objets suivants sont en particulier protégés :

– l'**honneur** en tant qu'élément de la personnalité. En plus de la réputation morale, professionnelle et social d'une personne, elle comprend également la propre évaluation d'un individu en tant que personne respectable :

– le **droit à sa propre image**. Celui-ci protège l'individu contre des photographies non désirées. D'une manière générale, personne ne peut être représenté par une illustration sans son consentement, que ce soit par un dessin, un tableau, une photographie, un film ou d'autres procédés similaires. Une reproduction est toutefois admise lorsqu'une personne participe à un événement de masse et qu'elle apparaît par exemple sur une photo montrant des centaines de spectateurs prenant part à un festival en plein air :

Important :
Des personnalités publiques, c'est-à-dire des personnes apparaissant publiquement ou marquant l'histoire (politiciens, sportifs, artistes, grands criminels par exemple) ne peuvent faire valoir le droit à leur propre image aussi longtemps qu'ils participent à la vie publique. Ils ne sont de ce fait pas autorisé à revendiquer une atteinte à la personnalité (voir ZR 1998, 132 et suivants).

– le **droit aux propres paroles** et le **droit à la propre voix**. Les propres déclarations verbales sont protégées contre une diffusion non autorisée :

– le **droit à son propre nom**. Il protège principalement le porteur contre les diffamations envers son propre nom :

– la **biographie d'une personne**. Son destin, son caractère, ses actes et ses paroles font l'objet d'une protection de la personnalité.

Il va de soi qu'une personne désirant faire valoir une atteinte à la personnalité sur la base d'une illustration, de son nom, de sa voix ou de sa biographie doit pouvoir être reconnue. En exemple, on peut citer un roman dans lequel l'histoire du personnage est entièrement ou partiellement identique à celle d'une personne existante. Ce cas présente un risque d'atteinte au droit de la personnalité de l'individu en question. Des personnes existantes et des faits réels sont régulièrement interprétés sans ménagement et de manière exagérée ou déformée dans des satires, des caricatures ou des parodies. Dans ces cas également, l'honneur de la personne mise en scène peut être affecté.

De manière restrictive en matière d'atteinte à la personnalité, il est à signaler que le consentement de la personne concernée ou des intérêts prépondérants peuvent servir de justificatifs (art. 28 et suivants CC). Un intérêt prépondérant peut par exemple apparaître avec la présentation d'une œuvre artistique dans un article de presse ou lors de la mise à jour de faits historiques.

Dans le cas d'une atteinte illicite à la personnalité (il en existe aussi des justifiées) résultant d'une œuvre artistique, la personne touchée est en droit de porter plainte (même sans faute de l'artiste ou de l'organisateur). Cette plainte sera destinée à établir la nature de l'atteinte (incluant une rectification ou une publication du jugement) et à l'empêcher à l'avenir. De plus, il est possible d'obtenir auprès du juge une mesure préventive sous forme d'interdiction immédiate de la manifestation en cause, décision destinée à la protection provisoire des droits. Cette mesure peut être mise en place si une atteinte à la personnalité paraît vraisemblable.
En cas de faute de l'artiste ou de l'organisateur, la personne atteinte peut de plus demander des dommages et intérêts ainsi que la remise des gains (selon les règles de la gestion d'affaires). Elle peut également exiger une réparation dans le cas d'un tort moral particulièrement grave.

Quelles sont les autres atteintes propres au droit civil pouvant apparaître ?

L'article 26 de la Constitution fédérale (Cst.) garantit le droit à la **propriété**. Le dommage à la propriété provoqué de manière coupable par un tiers est illicite et rend ce dernier responsable pour la réparation du tort (art. 641 al. 2 CC et art. 41 al. 1 CO). Malgré le principe de la liberté artistique, les artistes et les organisateurs ont le devoir de respecter la propriété d'autrui. Ils ne sont par exemple pas autorisés à réaliser des graffitis sur des biens ne leur appartenant pas.

En accord avec le **rapport de voisinage du code civil** (CC art. 684), une restriction supplémentaire touchant la liberté de l'exercice artistique peut apparaître. En effet, les émissions excessives comme de la musique à haut volume ou du bruit exagéré provenant du lieu de manifestation sont interdites.

La **loi fédérale contre la concurrence déloyale** (LCD) interdit le dénigrement trompeur ou inutilement blessant d'un produit en concurrence. Ceci a son importance dans la publicité visuelle principalement. La loi interdit le plagiat dont les détails correspondent dans une certaine mesure à ceux d'une œuvre créée par autrui (art. 3 LCD). Dans ce cas, une revendication relative à la liberté artistique est exclue. La loi interdit également la dépréciation trompeuse ou inutile blessante d'un produit (dénigrement d'une marque). Un tel acte n'entre pas dans le cadre de la liberté artistique.

3.2.2 Restrictions relatives au droit pénal

Le droit pénal, et plus spécifiquement le code pénal, protège la personnalité et punit les actes délictueux portant atteinte à l'honneur ou à la sphère privée. La liberté artistique entre souvent en conflit avec ces mesures de protection issues du droit pénal.

Une personne est punissable lorsqu'elle adopte un comportement malhonnête ou agit de manière nuisible envers la réputation d'autrui. Cette règle est également valable en cas d'accusation ou de suspicion, que celles-ci soit proférées ou relayées (propos malveillants, diffamations, injures). Une atteinte à l'honneur de ce type peut par exemple se présenter sous forme d'une satire, mais également au travers de représentations illustrées. La protection issue du droit pénal fonctionne parallèlement au droit civil.

A quel moment la personnalité d'un individu est-elle atteinte ?

Les enregistrements et les photographies ainsi que les illustrations et les objets divulguant un **contenu** extrêmement **violent** et ne possédant pas de valeur culturelle ou scientifique digne de protection sont prohibés (une surenchère de brutalité sans fondement par exemple).

Quelles sont les autres atteintes propres au droit pénal pouvant apparaître ?

La diffusion de **pornographie** auprès de personnes de moins de 16 ans est interdite. Celui qui confronte des adultes à de la pornographie sans leur consentement préalable est également punissable. A l'occasion d'une exposition ou d'une présentation à caractère pornographique, le thème doit être communiqué à l'avance aux visiteurs. Une personne diffusant ou mettant à disposition du matériel ou des présentations pornographiques comportant des actes sexuels incluant des enfants, des animaux, des excréments ou de la violence est également punissable. Personne ne doit être confronté sans son consentement à de la pornographie, c'est à dire à une représentation extrême et primitive d'actes sexuels purement physiques excluant tout sentiment.

Les dispositions pénales relatives aux **dommages à la propriété** limitent le choix du lieu et du thème de la manifestation artistique ou de la performance. On connaît dans ce contexte le cas du « sprayeur de Zurich » Harald Naegeli.

Le droit pénal interdit également les **insultes et les railleries publiques envers les religions** et la croyance en Dieu, ainsi que les médisances dirigées contre des objets ou des lieux de culte religieux. Une situation de ce genre peut apparaître dans des films portant un regard critique sur la religion.

Les **contraventions de police** jouent également un rôle dans l'organisation de manifestations : la déprédation de la propriété d'autrui, un comportement tapageur ou choquant, la restauration sans patente ou sans autorisation, le dépassement des horaires de fermeture et autres sont punissables. Selon la loi pénale sur les infractions appliquée par les cantons, l'auteur de tapage nocturne (musique à haut volume, chargement d'un véhicule de transport durant la nuit par exemple) est puni par de la prison ou une amende. Le tapage nocturne par négligence, c'est-à-dire lorsque l'auteur a commis une imprévoyance coupable, est également punissable. L'organisatrice ou l'organisateur porte une responsabilité pour le maintien de l'intégrité d'un bien juridique comme le repos nocturne. En cas de blessures, tous les organes et les employés responsables de l'organisation sont punissables si une action ou l'absence d'action de leur part est en cause.

3.2.3 Restrictions relatives au droit administratif

Dans l'intérêt de la collectivité, le droit administratif établit également différentes restrictions en matière de liberté artistique. Celles-ci doivent être observées par les artistes et les organisateurs. Ces limites apparaissent principalement lors de certaines activités nécessitant une autorisation.

Dans quelles situations une autorisation est-elle nécessaire ?

Une construction artistique est par exemple sujette à autorisation, comme tous les autres constructions. Une exposition en forêt ne peut quant à elle se dérouler qu'avec une autorisation de défrichement. Il ne faut pas non plus oublier les autorisations obligatoires pour l'exposition de sculptures sur des terrains publics, ou les prescriptions relatives aux heures d'ouverture des musées et des galeries.

Les restrictions touchant au droit administratif sont liées à la protection des biens de police et à l'utilisation de terrains publics.

Parmi les **biens de police**, on trouve la santé publique, la tranquillité, la sécurité et l'ordre public, les bonnes moeurs et le principe de la bonne foi dans les relations d'affaires. Les limites propres au droit administratif ont pour but la protection de ces biens et la défense contre des dangers et des troubles, dans l'intérêt de la collectivité.

Pour les **terrains publics**, il existe trois différents types d'utilisation: L'usage commun du domaine public, l'usage accru du domaine public et l'utilisation particulière.

L'**usage commun du domaine public** est une utilisation compatible avec l'ordre inhérent à un terrain public, celui-ci étant en principe accessible à un nombre indéterminé d'utilisateurs simultanés. Son utilisation doit par ailleurs être conforme aux dispositions, c'est-à-dire qu'elle doit correspondre au but initial pour lequel le terrain public est destiné. L'usage commun du domaine public n'exige pas d'autorisation et est généralement gratuit.

Par contre, l'usage accru du domaine public se rencontre lorsque l'utilisation du bien public n'est plus conforme aux dispositions ou qu'elle n'est

plus compatible avec l'ordre public. Cette situation limite les autres usagers dans leurs possibilités d'utilisation.
On peut citer par exemple les artistes de rue qui présentent leurs œuvres ou leurs performances en été. En ce qui concerne l'art de rue réalisé sur un terrain public, les communes sont en droit d'exiger une autorisation sans bases légales spécifiques. En effet, les limites de l'usage commun du domaine public sont parfois dépassées, avec la présentation d'un groupe musical ou d'une troupe théâtre entravant la circulation normale des personnes par exemple.

Une demande d'autorisation doit être faite pour l'usage accru du domaine public, pour autant que l'utilisation du terrain public tombe dans le domaine protégé de la liberté artistique. De plus, l'obligation d'autorisation relative à un usage accru du domaine public doit reposer sur des bases légales. Une telle autorisation peut inclure un contrôle préventif, une réglementation des priorités et un éventuel assujettissement à une taxe.

L'**utilisation particulière** se rencontre lorsque l'usage d'un bien n'est ni conforme aux dispositions, ni compatible avec l'ordre public. Les autres usagers ne sont plus à même d'utiliser le domaine public durant une période prolongée, lors de l'installation de kiosques ou de vitrines par exemple. Une utilisation particulière exige l'obtention d'une concession.

3.3 Qu'est-ce qu'une autorisation ?

Une autorisation est une **décision**, c'est-à-dire une disposition d'engagement unilatérale des autorités permettant l'exercice d'une activité privée. Celle-ci est valable dans la mesure ou l'examen préalable des autorités démontre que l'activité est compatible avec les règlements légaux.

La différence est faite entre une autorisation de police, une autorisation pour un usage accru du domaine public et une autorisation de politique économique.

Qu'est-ce qu'une autorisation de police ?

L'autorisation de police certifie qu'une activité privée (une manifestation culturelle par exemple), est en accord avec les prescriptions légales de protection des biens de police. Juridiquement, on parle aussi d'une interdiction avec dérogation ou d'une permission de côntrole. Si les conditions requises légales sont remplies, l'autorisation peut en principe être accordée. Si elle est malgré tout refusée ou considérée comme non recevable, il est encore possible de contester cette décision.

Qu'est-ce qu'une autorisation pour un usage accru du domaine public ?

Pour un usage accru du domaine public, l'organisateur a besoin d'une autorisation servant à coordonner les différents besoins d'utilisation. C'est principalement pour l'utilisation des voies et des places publiques qu'elle possède une signification pratique importante.

Par **usage commun du domaine public** ne nécessitant pas d'autorisation, on entend par exemple la circulation des véhicules sur la voie publique ou la baignade dans des rivières ou des lacs accessibles au public.

Pour l'**usage accru du domaine public** nécessitant normalement une autorisation, on peut par exemple citer une représentation théâtrale sur un terrain public, le prélèvement d'eau en grande quantité pour des systèmes de refroidissement, des manifestations populaires, la mise en place de stands de marché, etc. Pour l'usage accru du domaine public, des **taxes d'utilisation** peuvent éventuellement être perçues.

Qu'est-ce qu'une autorisation de politique économique ?

Les autorisations de politique économique portent sur la visite de personnes étrangères. Elles sont principalement soumises au droit des étrangers et au droit agricole. Elles sont accordées si les autorités possèdent encore un contingent d'autorisations non revendiquées ou s'il est démontré que les personnes désirant entrer dans le pays exercent des activités nécessaires. De ce fait, les autorisations de politique économique ne sont délivrées qu'en nombre restreint.

En cas de venue d'artistes étrangers par exemple, il faut se renseigner préalablement sur le besoin d'une éventuelle autorisation de séjour et/ou de travail. Une obligation d'annoncer simplifiée peut à la rigueur être nécessaire. Elle doit se faire auprès de l'autorité dont relève le marché du travail, sur le lieu d'engagement ou de travail. Dans le canton de Zurich par exemple, il s'agit de l'office de l'économie et du travail. Dans certains cas, il est également nécessaire de s'adresser à la police des étrangers du canton.

3.4 Quels sont les éléments à clarifier avant une manifestation ?

En premier lieu, il faut se renseigner sur les autorisations nécessaires. Les points suivants doivent être éclaircis : interférences dues au bruit, situation du parcage incluant le règlement de la circulation ou la signalisation, accès par transports publics, collisions éventuelles de dates avec d'autre manifestation, mesures de sécurité comme le contrôle des entrées et du déroulement de la manifestation ou les dispositifs techniques en cas d'incendie. Il est recommandé pour cela d'entrer préalablement en contact avec la commune responsable ou la police du commerce. Souvent, des formulaires de requête pour les différentes autorisations existent déjà. Pour la ville de St-Gall par exemple, il est nécessaire de disposer d'une autorisation, ou du moins de se renseigner au préalable, dans les cas suivants : utilisation de systèmes de sonorisation en plein air, activités liées à la restauration, ouverture prolongée des établissements publics ou des magasins, montage de stands, petits événements ou campagnes d'affichage.

Avant la réalisation d'une manifestation culturelle, les points suivants font l'objet de prescriptions à respecter ou nécessitent une autorisation (exemple de la ville de Thoune):

Quels sont les points à clarifier avant une manifestation ?

- récupération des déchets (pour les grandes manifestations, un concept doit être mis en place)
- fermeture de voies publiques
- installations de lavage lors de la préparation et de la distribution de nourriture et de boissons
- évacuation des eaux usées (se renseigner sur les possibilité de connexion pour les roulottes d'alimentation, les toilettes mobiles, les installations mobiles de vaisselle, etc.)
- connexions d'électricité, d'eau et de gaz (se renseigner sur les possibilités de connexion au réseau public)
- structure médicale
- travaux de montage et de démontage (à quelles heures sont-ils autorisés ?)
- expositions et manifestations nocturnes (obligation d'annoncer)
- service de surveillance
- billetterie et taxes sur les entrées
- piquet d'incendie
- activités liées à la restauration occasionnelle ou de fêtes
- présentation de films en public avec billets d'entrée
- vente de produits carnés
- hygiène et contrôle interne
- concerts et spectacles musicaux (autorisation obligatoire sur les terrains publics, en plein air ou sous tente)
- fermeture des magasins
- bruits et repos nocturne
- vente de denrées alimentaires (ordonnance sur les denrées alimentaires et ordonnance sur l'hygiène)
- stands de marché (location)
- utilisation de places ou de terrains publics
- service d'ordre
- parc de stationnement
- affichages sur des places ou des terrains publics et sur des installations privées
- supports d'affiches
- heures de fermeture
- affichages des prix
- nettoyage
- service sanitaire
- service de sécurité
- travail du dimanche et de nuit (autorisations du droit du travail)
- Suisa
- transports
- prolongations des heures d'ouverture
- assurances
- installations sanitaires (toilettes mobiles)

Le tableau en annexe présente une vue d'ensemble des autorisations cantonales nécessaires et des administrations responsables pour l'organisation de manifestations.

3.5 Acquisition de fonds

Pour la réalisation de manifestations ou de projets, l'acquisition de fonds n'a pas une grande signification en matière de droit. Les aspects juridiques jouent tout au plus un rôle lors de l'utilisation des montants d'argent attribués, qui doit bien entendu correspondre aux dispositions fixées par le comité d'organisation.

L'acquisition de fonds pour des manifestations et des projets culturels peut être effectuée auprès d'**instances publiques** (communes, villes, cantons, Confédération) ou de **donateurs privés** (fondations, sponsors, mécènes). La promotion culturelle publique s'appuie sur les bases constitutionnelles et légales. Comme on peut l'imaginer, elle est liée à de nombreuses règles fédéralistes: la promotion culturelle privée se présente quant à elle de manière des plus disparates et fonctionne en accord avec les dispositions individuelles de chaque donateur.

3.5.1 Promotion publique de la culture

C'est seulement au cours de l'an 2000, un siècle et demi après la fondation de l'Etat fédéral, que la culture a été inscrite dans sa constitution. L'article 69 Cst. sur la culture dit:

1 La culture est du ressort des cantons.

2 La Confédération peut promouvoir les activités culturelles présentant un intérêt national et encourager l'expression artistique et musicale, en particulier par la promotion de la formation.

3 Dans l'accomplissement de ses tâches, elle tient compte de la diversité culturelle et linguistique du pays.

Des déclarations plus précises sur la promotion de la culture au plan national devraient apparaître dans la loi sur l'encouragement de la culture (LEC). Le Conseil Fédéral a confié au parlement la rédaction de la publication en question, et son élaboration est en cours. Tous les éléments touchant à la promotion publique de la culture seront également valables avec la LEC. Les dispositions légales relatives à la promotion de la culture et engageant les collectivités n'autorisent pas les intéressés à exiger des prestations. – Même si une ville est en devoir de promouvoir la musique en accord avec son règlement culturel, je ne suis pas en droit, en tant qu'organisateur ou qu'organisatrice d'événements musicaux, d'exiger un soutien à mon projet concret de mise sur pied de concerts.

Au plan national, les instances de promotion de la culture sont en premier lieu l'**Office fédéral de la culture** (OFC) et la fondation culturelle **Pro Helvetia** (PH). Les projets culturels sont également soutenus par le **Centre de compétence pour la politique étrangère culturelle** (CCC) dépendant du Département fédéral des affaires étrangères (DFAE) et par la **Direction du développement et de la coopération** (DDC). Ces organes n'agissent toutefois que modérément dans le cadre de requêtes personnelles et sont plutôt actifs dans le développement de projets et de programmes. Par contre, les demandes en matière de projets présentant la Suisse de manière originale ont plus de chances d'aboutir auprès de **Présence Suisse** (PRS), organisme également rattaché au DFAE.

Dans tous les cas, le premier alinéa de l'article constitutionnel cité détermine que la promotion de projets culturels est du ressort des **cantons**. Conformément à cette détermination, les bases juridiques traitant des points essentiels de la promotion culturelle en Suisse se trouvent dans les règlements cantonaux et communaux (villes) et/ou dans les lois (sur la culture). Cela signifie qu'il existe de nombreux modèles présentant des différences marquées de règlement en matière de promotion culturelle. Des cantons comme Argovie ou Soleure délèguent les compétences en question à un organisme relativement détaché de l'Etat. Par contre, de nombreux autres cantons maintiennent le pouvoir de décision au sein de l'administration, tout en mettant en place des commissions consultatives. Les fonds de la loterie sont un des instruments important aux mains des administrations cantonales en matière de promotion. Cet outil soutient de manière indépendante des projets de société significatifs, même si ceux-ci ne sont pas uniquement de nature culturelle. D'une manière générale, les demandes de soutien sont à adresser aux départements culturels des administrations cantonales.

Dans **les villes et les communes** également, ce sont le plus souvent des commissions qui agissent (éventuellement plusieurs dans le même domaine). Elles déterminent elles-mêmes l'attribution de fonds de soutien ou présentent leurs propositions auprès du pouvoir exécutif.

Les deux organismes de coordination présents au plan national, la **Conférence des délégués cantonaux aux affaires culturelles** (CDAC) et la **Conférence des villes suisses en matière culturelle** (CVSC), ne possèdent pas de compétences effectives dans le domaine de la promotion (et n'ont pas de recours financiers propres). La CVSC ne traite aucune demande et la CDAC ne fournit que des recommandations auprès des cantons.

Adresses et sites Web des organes de promotion :

National :

- Office fédéral de la culture : www.bak.admin.ch
- Pro Helvetia : www.prohelvetia.ch
- Présence Suisse : www.presence.ch
- Répertoire fédéral des fondations : www.edi.admin.ch/esv

– SwissFoundations, Association des fondations donatrices en Suisse : www.swissfoundations.ch
– Pour-cent culturel Migros : www.kulturprozent.ch
Cantonal :
Les organes de promotion culturelle cantonaux ou les fonds de la loterie peuvent être trouvés sur les pages Internet de chaque canton. Les adresses utilisent toujours l'abréviation en deux lettres du canton, par exemple www.fr.ch pour Fribourg ou www.ge.ch pour Genève, etc.
Communal :
Liens vers les villes membres de la CVSC sur : www.ksk-cvsc.ch (rubrique Liens). La CVSC ne traite pas de requêtes.
D'autres organes communaux de promotion culturelle peuvent être trouvés sur www.promotionculturelle.ch.
Liste de liens supplémentaires vers des organes traitant (de la promotion) de la culture :
– www.promotionculturelle.ch
– www.swissinfo.org/Schweizer Radio International (rubrique swisslinks)
– www.ksk-cvsc.ch (rubrique Liens)

Quels sont les règlements existant en matière de contributions publiques de soutien ?

La majorité des instances publiques définissent de manière détaillée les domaines de la promotion dans lesquels elles sont actives. Elles exposent leurs possibilités et leurs méthodes de soutien au moyen de directives et d'aide-mémoire, disponibles sur Internet la plupart du temps. Les règlements obligatoires liés à l'approbation d'une subvention représentent un élément juridique particulièrement important. Ces règlements peuvent traiter d'éventuelles modifications dans la réalisation du projet, du co-financement par d'autres organes de promotion ou des modalités de paiement. Ils peuvent stipuler que le budget et les délais doivent être respectés et qu'un budget détaillé ou une évaluation doit être présenté. Souvent, les organes publics souhaitent également savoir combien d'institutions et de sponsors sont impliqués dans l'organisation de la manifestation bénéficiant du soutien.

Il va de soi que les bénéficiaires doivent se tenir aux dispositions ou communiquer à temps les changements auprès de l'organe de promotion, afin de ne pas compromettre les prestations accordées.

Dans l'alinéa 13 de l'ordonnance sur les fonds de la loterie du canton d'Argovie par exemple, il est clairement cité que :
1 Si des prescriptions relatives aux directives d'application ne sont pas respectées ou si des montants ne sont pas utilisés dans le but fixé, les prestations peuvent être réduites, refusées ou exigées en retour.
2 Une sanction pénale est réservée.

Les moyens de soutien accordés par des organes publics possédant un caractère de disposition administrative, ils sont soumis aux règlements de recours habituels. Un recours contre une décision ou une partie de celle-ci doit comporter une requête et être fondé. De manière générale, les instances de recours se limitent à des aspects formels lors de l'évaluation d'une requête (déroulement correct de la procédure, traitement égal pour des situations semblables et autres aspects de ce genre). Elles ne s'immiscent en principe pas dans les décisions prises par les instances compétentes en matière de contenu culturel.

3.5.2 Promotion privée de la culture

Même si les fondations, les sponsors et les mécènes ne s'appuient pas ou pas toujours sur des bases juridiques dans le sens strict du terme, il va de soi que la relation entre le donateur et le bénéficiaire n'évolue pas dans un vide juridique. Les **fondations** sont par exemple soumises à une surveillance des autorités (communales, cantonales ou fédérales), qui peuvent entre autres s'assurer que l'utilisation des moyens financiers est conforme aux statuts. Dans tous les cas, une relation contractuelle (et donc juridiquement significative) s'établit entre la fondation ou les sponsors et le bénéficiaire. Ce dernier s'engage, même de manière implicite, à réaliser l'œuvre ou le projet pour lequel les prestations ont été attribuées.

Pour autant qu'elles agissent en conformité avec leurs buts, les fondations du droit privé peuvent disposer librement de leurs moyens. Il n'est donc pas possible de faire recours contre leurs choix. Les décisions prisent par un bureau ou une commission peuvent éventuellement être contestées auprès du conseil de la fondation, mais cela dépend des pratiques propres à chaque fondation.

Sous la rubrique Contributions du site Internet de la fondation SUISA pour la musique, il est écrit noir sur blanc : « Les décisions de la fondation ne peuvent faire l'objet d'un quelconque recours ».

Les **mécènes** se distinguent par le fait qu'ils ne prétendent à aucune contrepartie matérielle pour leur soutien à une œuvre artistique. Ils apportent leur appui à la culture pour leur satisfaction personnelle ou leur propre expérience culturelle, et ils répondent aux besoins de la société par leurs actions promotionnelles.

Il en va autrement avec les **sponsors**. Ils encouragent la culture avec des intentions bien définies et ils attendent une contrepartie : en opposition au mécène, il est rare que le sponsor se sente directement concerné par le thème de l'événement qu'il soutient. Il est surtout intéressé à atteindre son objectif dans le domaine du marketing. Toutefois et d'un point de vue purement juridique, les accords de sponsoring ne sont soumis à «aucune prescription en relation au contenu et à la forme, mise à part le fait que l'accord doit prendre en compte le régime courant, en particulier le droit de la personnalité, des cartels et de la concurrence ainsi que les bonnes moeurs», selon Elisa Bortoluzzi Dubach et Hansrudolf Frey à la page 147 du guide «Sponsoring – Der Leitfaden für die Praxis». Plus loin dans le manuel, ils affirment également qu'il n'existe aucune loi sur le sponsoring, que ce soit en Suisse ou dans les pays germanophones voisins: tout au plus trouve-t-on en Suisse que « les bases contractuelles en matière de sponsoring […] dans le code suisse des obligations (CO)», mais aucun règlement concernant un contrat type de sponsoring n'apparaît.

Que faut-il prendre en compte lors de la conclusion d'accords de sponsoring?

Toutefois, un accord de sponsoring se doit de respecter les exigences légales, comme dans n'importe quel autre contrat. Bortoluzzi/Frey différencient principalement trois types de contrat dans le domaine du sponsoring (page 149 et suiv.):

– contrat de sponsoring pour un projet (concerne une production ou un événement unique)
– contrat de sponsoring institutionnel (règlemente le sponsoring pour des installations comme musées, bibliothèques, théâtres, orchestres, associations)
– contrat de sponsoring individuel (conclut un accord entre des protagonistes, individus ou groupes. Ce type de contrat n'est pas aussi courant dans la culture que dans le sport).

Ils conseillent de soumettre l'ébauche du contrat à un juriste compétent en la matière afin d'éviter des accords fallacieux. Malgré la liberté de forme et de contenu d'un contrat de sponsoring, différents points susceptibles de créer des conflits sont à observer selon Bortoluzzi/Frey:

– droits de la publicité (des conflits relatifs à des dispositions sur la publicité pour l'alcool et le tabac sont par exemple à éviter)
– droits de retransmission pour la radio et la télévision ou les droits d'image pour la presse écrite
– modalités de paiement
– peines conventionnelles en cas de non-respect du contrat.

De façon résumée, Bortoluzzi/Frey (page 153 et suiv.) citent les éléments spécifiques au domaine juridique et ayant une relation avec les accords de sponsoring. Les points suivants doivent être observés: droit de la personnalité, droit d'auteur, droit de propriété, droit des marques, droit des brevets, droit de la concurrence, liberté du commerce, droit des médias et droit fiscal. Aux vues des nombreux domaines du droit pouvant être abordés, il est fortement conseillé de faire appel à des spécialistes lors de l'établissement de contrats de sponsoring, et plus particulièrement s'il s'agit de sommes importantes.

3.6 Textes de référence

Sources juridiques :

La Constitution fédérale suisse, Cst., RS 101.

Le Code civil suisse, CC, RS 210.

Le Code suisse des obligations, CO, RS 220.

Loi sur la protection des données, LPD, RS 235.1.

Loi suisse sur le droit d'auteur, LDA, RS 231.1.

Loi fédérale contre la concurrence déloyale, LCD, RS 241.

Le Code pénal suisse, CP, RS 311.0.

Autres ouvrages :

Auer, Andreas : Malinverni, Giorgio : Hottelier, Michel : Droit constitutionnel suisse, 2e édition. Berne 2006.

Bortoluzzi Dubach, Elisa : Frey, Hansrudolf : Sponsoring. Der Leitfaden für die Praxis, 4e edition, actualisée et amplifiée. Berne 2007.

Die Schweizerische Bundesverfassung, Kommentar, éd. Ehrenzeller, Bernhard : Mastronardi, Philipp : Schweizer, Rainer I. : Vellender, Klaus A. Zurich 2002.

Ehrenzeller, Bernhard, éd. : Das schwierige Geschäft mit der Kunst. St. Gall 2002.

Fischer, Hermann Josef : Reich, Steven A. : Der Künstler und sein Recht : Ein Handbuch für die Praxis. Munich 1992.

Geisser, Thomas : Die Persönlichkeitsverletzung insbesondere durch Kunstwerke. Bâle 1990.

Glaus, Bruno : Studer, Peter : Kunstrecht. Zurich 2003.

Häfelin, Ulrich : Müller, Georg : Allgemeines Verwaltungsrecht, 4e édition. Zurich 2C02.

Hempel, Heinrich : Die Freiheit der Kunst. Zurich 1991.

Kommentar zum Schweizerischen Strafgesetzbuch, éd. Niggli, Marcel Alexander : Wiprächtiger, Hans. Bâle, Genève, Munich 2003.

Leitfaden für die Organisation von Veranstaltungen und Festanlässen in der Stadt Thun (en exemple) : http://www.thun.ch/d/formulare_grundlagen/leitfaden.pdf

Moor, Pierre : Droit administratif, 3 tomes. Berne 1994 (T. I, 2e édition), 2002 (T. II, 2e édition), 1992 (T. III).

Müller, Jörg Paul : Grundrechte in der Schweiz, 3e édition. Berne 1999.

Publications de l'Institut suisse de droit comparé : Liberté de l'art et indépendance de l'artiste = Kunstfreiheit und Unabhängigkeit der Kunstschaffenden : actes du colloque international des 27 et 28 novembre 2003 à Lausanne, co-organisation et co-édition : Institut suisse de droit comparé, Lausanne, Centre du droit de l'art, Genève. Genève et al. 2004.

Riemer, Hans Michael : Personenrecht des ZGB, 2e édition. Berne 2002.

Scyboz, Georges : Gilliéron, Pierre-Robert : Scyboz, Pierre : Code civil suisse et Code des obligations annotés, 7e édition. Lausanne 2004.

Tschannen, Pierre : Zimmerli, Ulrich : Kiener, Regina : Allgemeines Verwaltungsrecht. Berne 2000.

4 A propos des contrats

Claudia Höltner

Le droit des contrats est un thème complexe et présente de nombreuses ramifications, que ce soit dans le domaine de la location, du bail, du prêt à usage, de l'achat ou du prêt de consommation. Il ne faut pas oublier pour autant les aspects juridiques en matière d'assurances.

4.1 Généralités à propos du contrat

D'un point de vue juridique, le **contrat** représente l'instrument de base dans la vie de tous les jours. Ceci vaut également pour l'organisation de manifestations. Que ce soit lors de l'achat ou de la vente d'un billet d'entrée, la location ou le bail d'un local de répétition ou un engagement professionnel, le contrat en est toujours la base. Et cela indépendamment du fait que les personnes concernées soient au courant ou non de la nature contractuelle de la transaction.

La **grande variété des genres de contrats**, contrat de location, de travail ou d'achat par exemple, est un aspect typique du droit des contrats. Ceux-ci reflètent des situations vécues au quotidien.

Suite à quelques éclaircissements fondamentaux, l'attention de ce guide pratique se portera principalement sur les types de contrats les plus significatifs touchant à l'organisation courante de manifestations.

Remarque :

Les types de contrats portant sur le droit du personnel (le contrat de travail par exemple) seront traités dans le chapitre 5, « A propos du personnel ».

Fondamentalement, c'est la **liberté contractuelle** qui régit le droit des contrats. On peut donc conclure un contrat avec les personnes de son choix, à propos de ce que l'on désire et selon des conditions propres pour autant que l'on s'en tienne au cadre légal.

Il n'existe pas non plus de limite en ce qui concerne la forme du contrat, qu'il soit conclu par écrit ou oralement. Il peut également être concluant, c'est-à-dire qu'il n'est pas exprimé et est ainsi conclu de forme tacite exprimé mais est fixé par une attitude concluante (**liberté de la forme**). Toutefois, si une forme particulière est prévue par la loi pour certains contrats ou si celle-ci est convenue entre les parties contractantes, la non-observance de cette condition rend le contrat invalide.

Exemple :

Lors de l'acquisition d'un terrain, le contrat d'achat doit être reconnu par acte notarié pour être valable.

Qui est en droit de conclure un contrat ?

Toute personne capable de discernement ou le représentant légal d'une personne est apte à conclure valablement un contrat. Dans une situation de représentation, la partie contractante est la personne représentée.

Des personnes juridiques peuvent également conclure des contrats par l'intermédiaire de leurs représentants. La partie contractante est alors la personne juridique.

Quel que soit le type de contrat, celui-ci prend toujours forme à partir d'une offre et de l'acceptation de celle-ci.

Les conditions du contrat sont dénommées **conditions générales** (CG). Elles sont déjà prévues dans de nombreux cas et sont à la base de chaque contrat conclu de forme individuelle par une partie contractante. Cette dernière doit pouvoir accéder aux CG pour que celles-ci puissent être prises en compte dans le contrat. Les dispositions des CG n'ont d'effet que si elles ne prennent pas à l'improviste l'autre partie contractante, et cela également après l'entrée en vigueur du contrat. Des dispositions imprévisibles sont des circonstances contractuelles avec lesquelles on ne pouvait pas compter : elles ne peuvent être validées que si elles sont expressément acceptées par les deux parties.

Exemple :
Dans les CG d'un contrat pour un abonnement annuel à un théâtre, une disposition stipule que lors de chaque représentation, l'achat d'une boisson d'une valeur minimum de 30 francs est obligatoire.

A moins qu'un contrat ne soit considéré comme nul, s'il comporte par exemple une erreur juridique essentielle ou une fraude de la part d'une des personnes contractantes (vice de la volonté), l'accord conclu doit être tenu. Selon l'article 33 du CO, un contrat sera considéré comme valable si un éventuel vice de la volonté n'est pas annoncé dans un délai d'un an après sa découverte. Pour cela, il suffit d'expliquer qu'en raison du point litigieux, on ne se sent plus soumis au contrat.

Si une des parties contractantes ne remplit pas ses engagements ou ne les tient que partiellement ou avec du retard, on parle alors d'un **manquement** (non-accomplissement ou accomplissement partiel) pouvant mener à une action en dommages et intérêts. Pour des contrats dont les éventuels conflits ne pourraient être résolus sans plainte auprès d'un tribunal, il peut être judicieux d'y déterminer quel est le for (lieu ou doit être déposée la plainte) et le droit à appliquer. Un litige peut entre autres devenir compliqué si les parties contractantes sont issues de pays différents.

Exemple :
La danseuse Petra Bremer de Munich est contractée par un promoteur de Zurich pour une performance. Peu avant celle-ci, les deux parties contractantes entrent en conflit. Petra Bremer repart et la performance doit être annulée. L'organisateur souhaite faire valoir ses droits auprès de la justice pour les dommages subis. Dans cette situation, la question peut se poser de savoir si la plainte doit être déposée à Munich ou à Zurich et si les juges doivent appliquer le droit français ou suisse.

Lorsque aucune disposition n'est stipulée en matière de for et de droit dans une situation conflictuelle demandant l'intervention d'un juge, ce sont les dispositions légales qui sont appliquées. Pour des conflits entre des parties contractantes suisses, le for est déterminé par la loi sur les fors (LFors). Si une partie contractante provient de l'étranger, le for et le droit à appliquer sont déterminés par la loi fédérale sur le droit international privé (LDIP).

4.2 Location et bail

De quoi dois-je tenir compte lors de la recherche des locaux appropriés ?

Pour la réalisation d'une manifestation, un espace (intérieur ou extérieur) est nécessaire. Il est possible de prendre en bail ou de louer un espace, mais également d'acheter un local ou un terrain, solution intéressante pour un projet à long terme. En cas d'achat, il faut naturellement disposer du capital nécessaire. De plus, un constat par acte notarié est indispensable pour valider l'opération de transfert de la propriété. Quelle que soit la variante choisie, il faut toujours s'assurer que l'espace prévu est adapté aux manifestations projetées et qu'il réponde aux normes de construction.

Exemple :

Un espace destiné à l'organisation de concerts de rock est projeté dans un immeuble désoccupé de quatre étages. Celui-ci est situé au milieu d'une zone d'habitation. Il n'y a que peu de parcs de stationnement disponibles. L'administration responsable pour l'application des normes de construction ne délivrera pas d'autorisation pour ce projet.

Une **location ou un bail** fixe la cession d'un objet pour son utilisation durant une certaine période. Le locataire ou le preneur de bail entre en possession ou devient l'utilisateur ou l'utilisatrice du bien immobilier, mais il n'en obtient pas la propriété comme lors d'un achat. A la différence d'un locataire, le **preneur de bail** n'obtient pas uniquement un bien immobilier pour son utilisation normale, celui-ci lui étant également cédé pour un usage à but économique.

Pour un bail, ce sont en substance les mêmes principes que pour la location qui prévalent. Comme un usage commercial vient s'ajouter contractuellement à l'utilisation normale de la chose pris en bail, d'autres obligations doivent être remplies par le preneur de bail ou la preneuse de bail. Le bien immobilier doit ainsi être exploité en accord avec les dispositions fixées et le preneur de bail ou la preneuse de bail est responsable pour l'entretien courant du bien (art. 283, 284 CO). Les remises en état petites ou moyennes incombent à la preneuse de bail ou au preneur de bail. C'est par contre le bailleur ou la bailleuse du bien qui prend à charge les réparations plus importantes (art. 279 CO).

Une location ou un bail peut être conclu pour une durée déterminée ou indéterminée. Si la durée est déterminée, la location ou le bail prend fin sans signification de congé (art. 255 CO).

Remarque :
Si une location ou un bail à durée déterminée est prolongé tacitement après son expiration, il se transforme en location ou en bail à durée indéterminée et nécessite d'être résilié pour prendre fin (art. 266 II, 295 II CO).

Dans le cas d'un contrat à durée indéterminée, celui-ci doit être résilié pour qu'il puisse prendre fin. Le délai de résiliation est de six mois avant le terme fixé par l'usage local pour les espaces commerciaux (art. 266d CO), sous-entendu l'espace prévu pour les manifestations. S'il n'existe pas de terme fixé par l'usage local, le délai de résiliation est normalement de trois mois.

Dois-je également payer la location ou le bail si la manifestation est annulée ?

Une obligation de payer le loyer est en principe appliquée si celle-ci a été stipulée dans le contrat de location.

Remarque :
La mise en place d'une partie remplaçante prenant en charge l'objet loué ou pris en bail est la seule possibilité permettant d'éviter de payer le loyer. Cette prise en charge doit se faire dans les mêmes conditions que le contrat original. Le loueur n'est en droit de refuser la mise en place d'une partie remplaçante que si celle-ci n'est pas solvable ou si elle ne remplit pas les critères établis pour le premier locataire ou preneur de bail.

Il est possible de résilier un contrat (art. 256, 258, 107, 108, CO), c'est-à-dire de ne pas avoir à payer la location ou le bail, si cela est stipulé dans le contrat. D'autre part, il n'existe pas d'obligation de payer le loyer si l'objet loué ou pris en bail est inutilisable, c'est-à-dire objectivement inapproprié au but d'utilisation fixé dans le contrat. Ceci est également valable si le loueur/la loueuse ou le bailleur/la bailleuse ne met pas l'espace à disposition dans les délais et selon les accords fixés par le contrat. En outre, une action en dommages et intérêts peut être intentée.

Exemple :
Une salle louée pour un concert devant se dérouler le 3 mars 2007 n'est pas mise à disposition le jour prévu, contrairement aux accords fixés dans le contrat. Du fait de l'obligation de verser des dommages et intérêts en regard à la situation, le loueur doit prendre à sa charge les frais supplémentaires occasionnés pour l'organisateur (frais d'annonces par exemple).

Remarque :
Quelle que soit la situation, le prix de location du lieu de remplacement doit se situer aux alentours du prix prévu pour le local initial. Il n'existe

pas non plus de droit à des dommages et intérêts si le loueur est capable de prouver qu'il n'y a pas de faute de sa part en regard à la situation.

Le contrat soumet également le locataire ou la preneuse de bail à certaines obligations. On y trouve entre autres le paiement du loyer ou du bail et des frais annexes, ainsi qu'une utilisation de l'objet soigneuse et conforme aux dispositions. L'utilisation conforme aux dispositions est soit convenue entre les parties, soit dictée par le type d'objet en question.
Exemple :
Une salle de concert possédant un parquet en bois précieux ne peut pas être utilisé pour une mousse-party sans en convenir auparavant avec le loueur.

Le locataire ou le preneur de bail est responsable pour les dommages dus à une utilisation négligente de la chose. Les défauts dont la remise en état ne relève pas du locataire ou de la preneuse de bail (art. 259 CO ou art. 279 CO) doivent être annoncés au loueur ou au bailleur. Le locataire ou la preneuse de bail est également responsable pour les dommages résultants de l'omission d'avertir le loueur ou la bailleuse (art. 257g, 286 CO).

Lors de la restitution et de l'inspection de l'objet loué, le loueur ou la loueuse doit immédiatement communiquer les défauts apparents, sans quoi il/elle perd le droit à un remboursement des dégâts commis. Il existe toutefois une exception dans le cas de **défauts cachés** (art. 267a CO), c'est-à-dire ceux n'apparaissant pas lors d'une vérification objective et soigneuse de l'objet.

4.3 Contrat d'achat, contrat de prêt à usage, prêt de consommation

Du matériel est souvent nécessaire lors de l'organisation d'un événement. On pense par exemple à un équipement de scène.

Que faut-il observer lors de l'acquisition de matériel/équipement destiné à une manifestation ?

4.3.1 Contrat d'achat

Souvent, l'acquisition de matériel se fait sous la forme d'un achat. En matière de droit, le **contrat d'achat** est la transaction la plus courante. Il s'agit d'un échange entre de la marchandise et de l'argent.
Exemple :
Un contrat d'achat n'engage par exemple pas uniquement des personnes concluant un accord écrit pour l'achat d'un amplificateur destiné à un concert. L'achat (sans accord écrit) d'un billet d'entrée pour un concert est également un contrat d'achat.

Mis à part les critères généraux, il est important de prêter attention aux dispositions traitant des défauts. C'est sur cette base que deux parties contractantes règlent un différend sur de la marchandise ne répondant pas aux attentes.

4.3.2 Contrat de prêt à usage

L'emprunt est une autre forme permettant d'obtenir le matériel nécessaire. Un **contrat de prêt à usage** ne peut toutefois être conclu que si l'accord entre les parties s'arrête sur un prêt **gratuit** (art. 305 CO).

Le prêteur cède l'objet gratuitement, c'est-à-dire qu'il ne reçoit pas d'argent, de prestation financière ou de contrepartie pour son prêt. L'emprunteur s'engage quant à lui à rendre la chose dans les délais convenus et dans l'état original après en avoir fait usage.

Remarque:

Avec un contrat de prêt à usage, le fait que l'engagement soit gratuit n'exclut pas une action en dommages et intérêts. Celle-ci peut être engagée lors d'un usage inapproprié de l'objet ou suite à un retard lors de la restitution par exemple. Comme dans tout autre contrat, sa conclusion n'octroie pas seulement des droits aux parties, mais les soumet également à des obligations.

La restitution de la chose prêtée doit être effectuée dans les délais fixés par le contrat ou après l'utilisation pour laquelle l'objet était prévu. La chose prêtée peut être exiger prématurément en retour dans le cas ou l'emprunteur ne se tient aux clauses du contrat ou si le prêteur a besoin en urgence de l'objet pour son usage personnel.

4.3.3 Prêt de consommation

Le **prêt de consommation** est une autre forme permettant l'obtention de matériel. Contrairement à un prêt à usage, l'objet devient propriété de l'emprunteur ou de l'emprunteuse dans la situation présente. La chose prêtée ne doit pas être rendue, la restitution se faisant à l'aide d'un objet similaire et de valeur égale. Des intérêts sont en principe perçus lors d'un prêt de consommation, la transaction n'étant de ce fait pas considérée comme gratuite.

L'utilisation d'un objet contre paiement est déterminée par les dispositions prévues dans le **contrat de location** ou le **contrat de bail**. Les points cités dans le chapitre «Location et bail» pour les locaux ou les espaces commerciaux (biens immobiliers) s'appliquent également dans les grandes lignes pour les objets mobiles. Si la chose est destinée à une exploitation commerciale, les dispositions propres au contrat de bail s'appliquent.

Le **leasing**, qui n'apparaît pas dans le Code des obligations, est également régit par les dispositions sur le bail à loyer. Dans ce cas également, un objet est mis à disposition moyennant une rétribution. Le preneur de leasing prend à sa charge tout l'entretien de la chose durant la durée du contrat et répond pour tous les risques.

Exemple :

Un groupe prend un bus VW en leasing pour effectuer les nombreux transports de son matériel de scène. Tous les coûts occasionnés (réparations ou carburant par exemple) sont à la charge du groupe, en tant que preneur du leasing. Le groupe s'acquitte également des prestations relatives au leasing. L'obligation de payer les prestations du leasing est totalement indépendante des possibilités d'utilisation du bus VW par le groupe, même dans le cas d'une destruction totale du véhicule par exemple.

Quels sont les points à observer spécifiquement lors de la vente d'objets ?

Fondamentalement, la vente d'objets répond aux même critères généraux se trouvant dans le contrat d'achat. Toutefois, quelques dispositions sont rapidement exposées ci-dessous.

– Si de la marchandise est vendue en dehors des heures d'ouverture des commerces, le dimanche ou le soir par exemple, une **autorisation** est nécessaire.
– Si une **commission** est négociée pour la vente d'objets, celle-ci échoit lors de la conclusion du contrat d'achat, sauf s'il en a été convenu différemment.
– Des **droits** comme les droits d'auteur restent propriété de l'artiste lors de la vente de l'objet.
– La recette réalisée lors de la vente d'un objet est bien entendu soumise aux **impôts**.
– Celui qui revend un objet est également responsable pour l'**authenticité** de celui-ci.

4.4 Assurances

Quelles sont les assurances nécessaires ?

Même si on ne pense pas forcément à un échec ou aux dangers d'accidents durant la phase de préparation d'un événement, l'organisation d'une manifestation comporte un certain nombre de risques. Mis à part des **accidents** durant la représentation ou l'annulation de l'événement, des **dommages** causés à l'équipement est également un exemple classique propre à ce genre de risques.

Les nombreux contrats conclus dans le cadre de la manifestation soumettent l'organisateur à une grande quantité d'obligations. Des contrats ne sont pas uniquement conclus avec le personnel et les artistes, mais également avec le public assistant à la manifestation. Dans de nombreux cas, il ne faut pas seulement penser à ses propres **risques**, mais également à ceux rattachés **au public ou aux artistes**.

Si la **responsabilité** ne peut pas être contractuellement exclue ou prise en charge par l'autre partie contractante, la possibilité de conclure une **assurance** doit être examinée.

De plus, la responsabilité peut être mise en cause en dehors des clauses du contrat. Ceci ne peut toutefois être le cas que si les conditions suivantes apparaissent :

– un dommage est survenu,
– l'activité est illégale (à l'encontre d'une loi ou d'une norme de sécurité),
– une faute a été commise (ou du moins une négligence) ou
– une manipulation est la cause du dommage (lien causal).

Une assurance couvrant la responsabilité pour des cas ne figurant pas dans le contrat devrait également être conclue.

Remarque :
Il est important de conclure l'assurance à temps. Un contrat établi plusieurs semaines à l'avance garantit une couverture d'assurance effective le jour de la manifestation.

Dans le domaine des assurances en particulier, il est indispensable de procéder avec attention. Il est également judicieux de faire appel à un spécialiste pour le choix des assurances à conclure.

Mis à part la valeur des primes, le montant de la couverture est un élément important lors du choix d'une assurance. Celui-ci doit pouvoir couvrir raisonnablement les dommages éventuels, et en aucun cas se situer en dessous. Dans le cas contraire, une responsabilité engageant les biens privés ou de la société ne peut pas être exclue.

Le preneur d'assurance se soumet à quelques obligations importantes envers la compagnie d'assurances :

– Obligation de communiquer tous les éléments permettant d'évaluer les dangers et les dommages pouvant éventuellement survenir.
– Si des modifications concernant le contrat ont lieu durant la période assurée, celles-ci doivent être annoncées à l'assureur.
– Le dommage subi doit être maintenu de manière la plus restreinte possible.
– Chaque dommage doit être immédiatement annoncé.
– Le non-respect des obligations citées dans le contrat d'assurance peut amener l'assureur à ne pas couvrir les dommages.

4.4.1 Vue d'ensemble des assurances destinées à des manifestations

Les assurances suivantes sont en principe adaptées à l'organisation de manifestations :

Type d'assurance	Exemple de risques assurés
Assurance de choses (est souvent inclue dans l'assurance-bâtiment)	Vols Dommages dus à des intempéries Dommages dus au feu
Assurance-transport	Dommages causés à des objets d'art durant le transport
Assurance responsabilité civile	Accidents provoqués par l'organisateur lui-même ou par l'organisatrice elle-même
Assurances de personnes	Accidents subis par des collaborateurs ou par des collaboratrices (couverture par la LAA) Accidents subis par des visiteurs, s'ils ne sont pas assurés par la LAA
Assurances techniques	Casco complète pour les équipements sensibles comme les installations techniques
Assurances des véhicules	Accidents avec les propres moyens de transport, mais également avec des bateaux, carrosses, etc.
Assurances pour pertes financières	Annulation de la manifestation pour cause de maladie de l'artiste
Assurances particulières	Annulation de la manifestation pour cause de mauvais temps

Remarque :
Le guide « Sécurité lors de manifestations » publié par la fondation suisse pour conseils en matière de risque (FSR) fournit une bonne vue d'ensemble sur les assurances destinées aux manifestations.

4.5 Prescriptions de sécurité

Quelles sont les prescriptions de sécurité à observer sur le lieu d'une manifestation ?

La tenue d'une manifestation peut éventuellement menacer ou troubler la sécurité publique ainsi que la tranquillité, la santé ou la sensibilité morale de certaines personnes. Principalement sur le lieu de la manifestation, de nombreuses règles doivent être observées pour la protection du public, des collaborateurs et des riverains. Les conditions requises doivent être respectées pour que les autorisations nécessaires puissent être accordées.

Les **sorties de secours** doivent par exemple être maintenues libres, les **mesures de protection contre les incendies** doivent être garanties et des **installations sanitaires** doivent être fournies en suffisance. L'**élimination des déchets** doit être assurée. Si la vente de denrées alimentaires est prévue, les **règles d'hygiène** doivent être respectées. L'**exposition sonore** ne doit pas dépasser les normes légales.

Remarque :
Le guide « Sécurité lors de manifestations » publié par la fondation suisse pour conseils en matière de risque (FSR) fournit ici aussi une bonne vue d'ensemble sur les bases juridiques et les dangers. Il inclut également des check-lists pratiques.

4.6 Textes de référence

Sources juridiques :
Le Code civil suisse, CC
Le Code suisse des obligations, CO
Loi sur les fors, LFors
Loi fédérale sur le droit international privé, LDIP

Autres ouvrages :
Beobachter-Ratgeber : Jakob, Martin : Zihlmann, Peter : Mietrecht, 5e édition. Zurich 2004.
Engel, Pierre : Contrats de droit suisse : traité des contrats de la partie spéciale du Code des obligations, de la vente au contrat de société simple, articles 184 à 551 CO, ainsi que quelques contrats innommés, 2e édition. Berne 2000.
Glaus, Bruno : Studer, Peter : Kunstrecht. Zurich 2003.
Honsell, Heinrich : Schweizerisches Obligationenrecht, Besonderer Teil, 8e édition. Berne 2006.
okaj zürich (éd.) : Alles was Recht ist, 2e édition. Zurich 2004.
Schwenzer, Ingeborg : Schweizerisches Obligationenrecht, Allgemeiner Teil, 3e édition. Berne 2003.
Tercier, Pierre : Amstutz, Marc (éd.) : Commentaire romand, Code des obligations II, Code des obligations art. 530–1186, avec une introduction à la loi sur la fusion. Genève et al. 2007.
Tercier, Pierre : Les contrats spéciaux, 3e édition. Zurich et al. 2003.
Tercier, Pierre : Le droit des obligations, 3e édition. Genève et al. 2004.
Thévenoz, Luc : Werro, Franz (éd.) : Commentaire Romand, Code des obligations I, Code des obligations art. 1–529, Loi sur le crédit à la consommation, Loi sur les voyages à forfait. Bâle et al. 2003.
Wegener, Poto : Musik und Recht. Schweizer Handbuch für Musikschaffende. Starnberg et Munich 2003.
Fondation suisse pour conseils en matière de risque (FSR) : guide « Sécurité lors de manifestations ». Zurich 2005.

5 A propos du personnel

Claudia Höltner

Dans le domaine de la culture, les aspects du droit des contrats entre les personnes impliquées comme le mandant et le mandataire ou l'employeur et l'employé sont souvent sous-estimés. Les projets culturels sont souvent des entreprises complexes auxquelles de nombreuses personnes prennent part de différentes manières.
Le chapitre 5 porte son regard aussi sur le droit des assurances sociales.

5.1 Généralités

L'engagement de collaborateurs ou d'assistants est presque toujours nécessaire pour l'organisation, la production et la réalisation de manifestations. Dans ces occasions, des aspects touchant au droit des contrats doivent être pris en compte. Les questions relatives au droit des contrats devraient toujours être clarifiées à l'avance. Elles concernent les **personnes du monde artistique** comme le curateur d'un musée ou un groupe se produisant en concert, mais également le **personnel administratif ou technique** comme une secrétaire, un éclairagiste ou un surveillant. Peu importe qu'il s'agisse d'une personne seule ou d'un groupe.

Exemple :
Un théâtre municipal complète son équipe technique permanente avec un menuisier, responsable pour tous les travaux devant être réalisés en bois.
> Le théâtre et le menuisier concluent un **contrat de travail**.
Le théâtre municipal confie à une architecte indépendante la mission de réaliser dans les trois mois des maquettes pour un nouveau décor.
> Le théâtre soumet un **mandat**.
Le théâtre municipal engage un menuisier indépendant pour la fabrication du décor de la prochaine production, « Hansel et Gretel ».
> Le théâtre et le menuisier concluent un **contrat d'entreprise**.

5.2 Contrat de travail, mandat, contrat d'entreprise

Les types de contrat essentiels dans le domaine du personnel sont le **contrat de travail** et le **mandat**. Le **contrat d'entreprise** joue également un rôle important. Il occupe toutefois une place différente, du fait que seul le résultat du travail est fixé contractuellement : la manière dont la personne contractée parvient à son objectif n'est pas déterminante avec le contrat d'entreprise.

Remarque :
Un lien contractuel soumettant toujours les parties contractantes à des obligations considérables, il est conseillé d'effectuer un examen soigneux des besoins avant de conclure l'accord. Les exemples mentionnés ci-dessus illustrent seulement une partie des possibilités de contrat adaptées à chaque cas. En accord avec la taille de l'entreprise et la situation des commandes, il peut être judicieux de se soumettre soi-même à un contrat ou de s'embaucher comme employé. Les avantages et les inconvénients doivent être évalués au cas par cas.

Quelles sont les caractéristiques principales du contrat de travail, du mandat et du contrat d'entreprise ?

Le tableau ci-dessous fournit une vue d'ensemble des points fondamentaux relatifs à ces trois types de contrat. Il définit également quelques avantages et inconvénients aux vues de l'organisateur. Ensuite, des questions ciblées permettront de débattre sur les différents types de contrats, en accord avec des situations apparaissant régulièrement dans la vie pratique.

Type de contrat	Contrat de travail
Eléments essentiels	Lien de subordination de l'employé.
	L'employé doit fournir un rendement.
	L'employé doit mettre sa force de travail à disposition (pour une durée déterminée ou indéterminée), moyennant une contre-prestation. Il ne se porte pas garant du résultat.
	Pas d'organisation spécifique du côté de l'employé.
	Pas d'apport de capital spécifique de la part de l'employé.
	L'employé exerce une activité au bénéfice d'un seul employeur.
	Salaire correspondant généralement au temps de travail.
	Pas de prise de risques de la part de l'employé.
	Pas de participation au marché de la part de l'employé.
	Assujettissement aux assurances sociales garanti par l'employeur.
	Les prescriptions liées au droit du travail sont appliquées.

Mandat	Contrat d'entreprise
Relation d'indépendance entre le mandant et le mandataire.	Relation d'indépendance entre le client et le fournisseur de prestations.
Le mandataire est indépendant.	Le fournisseur de prestations est indépendant.
Le travailleur indépendant accomplit un mandat fixé à l'avance, moyennant une contre-prestation. Il ne se porte pas garant du résultat.	L'entrepreneur indépendant doit fournir un travail fixé à l'avance moyennant une contre-prestation. Il se porte garant du résultat.
Organisation indépendante du mandataire.	Organisation indépendante du fournisseur de prestations (entrepreneur).
Investissement de capital propre par le mandataire.	Investissement de capital propre de la part de l'entrepreneur.
Plusieurs mandants en règle générale.	Plusieurs clients en règle générale.
Honoraires.	Rémunération pour le travail exécuté.
Prise de risques volontaire de la part du mandataire.	Prise de risques volontaire de la part de l'entrepreneur.
Equilibre entre les chances de réussite et la prise de risques pour le mandataire.	Equilibre entre les chances de réussite et la prise de risques pour l'entrepreneur.
Situation indépendante du mandataire vis-à-vis du marché.	Situation indépendante de l'entrepreneur vis-à-vis du marché.
Pas de prise en charge des assurances sociales de la part du mandant.	Pas de prise en charge des assurances sociales de la part du client.
Les prescriptions du droit du travail ne sont pas appliquées.	Les prescriptions du droit du travail ne sont pas appliquées.

Type de contrat	Contrat de travail
Quels sont les éléments à régler absolument…	Contenu du contrat, entre autres: – Horaires de travail – Lieu de travail – Salaire – Nature du travail à fournir
	Annonce de la part de l'employeur en matière de droit des assurances sociales et versement des contributions aux caisses sociales.
Avantages pour l'organisateur	Devoir de fidélité de la part de l'employé.
	Possibilité de déterminer la nature, les horaires et le lieu de l'activité.
Inconvénients pour l'organisateur	Interdépendance sociale et économique entre les parties contractantes.
	Obligation de versement du salaire en cas d'incapacité de travail pour cause de maladie ou durant les vacances.
	Obligation de respecter les délais de congé

5.3 Différenciation: activité indépendante – rapport de travail

Comment puis-je différencier une activité indépendante (un mandat ou un contrat d'entreprise) d'un rapport de travail?

En observant les critères mentionnés dans le tableau, il est relativement aisé de faire la différence entre un contrat d'entreprise et un **contrat de travail**. Les critères principaux du contrat de travail sont l'engagement de la personne au sein de l'organisation, sa dépendance économique et le fait qu'elle ne soit pas tenue de fournir des garanties quant à la qualité du travail réalisé. Avec un **contrat d'entreprise** par contre, le prestataire de services s'engage contractuellement à fournir un travail spécifique et se porte garant de la qualité du résultat.

Dans la pratique, il n'est pas toujours aisé de faire la différence entre un contrat de travail et un **mandat**. Fondamentalement, le Code des obligations différencie deux types de contrat pour les prestations de services: le **rapport de travail** basé sur un contrat de travail et le **travail sur mandat**, ayant pour objet une mission à remplir.

Mandat	Contrat d'entreprise
Contenu du contrat: – Services à accomplir – Paiement	Contenu du contrat: – à réaliser – Paiement
En règle générale, indépendance sociale et économique pour les deux parties contractantes.	En règle générale, indépendance sociale et économique pour les deux parties contractantes.
Pas d'obligation de versement du salaire en cas d'incapacité de travail pour cause de maladie ou durant les vacances.	Pas d'obligation de versement du salaire en cas d'incapacité de travail pour cause de maladie ou durant les vacances.
Pas de possibilité de déterminer la nature, les horaires et le lieu de l'activité.	Pas de possibilité de déterminer la nature, les horaires et le lieu de l'activité.
En règle générale, pas d'obligation de fidélité.	En règle générale, pas d'obligation de fidélité.

5.3.1 Rapport de travail

Une personne établit un rapport de travail lorsqu'elle se subordonne à son employeur, se plaçant ainsi sous sa responsabilité. Un emploi peut être basé sur un travail à l'heure, et son terme peut être déterminé ou indéterminé. L'employeur n'est pas seulement en droit de donner des consignes sur la nature des activités, mais également sur la manière de réaliser le travail. Ceci inclut par exemple la détermination des horaires de travail.

Exemple:
Dans un musée, il est relativement aisé de reconnaître la qualité d'employé d'une secrétaire responsable pour la vente des billets ou du gardien en charge de la sécurité.

Pour maintenir la liberté artistique, l'indépendance professionnelle et l'esprit d'initiative propres à l'environnement culturel, certaines exceptions au pouvoir réglementaire de donner des instructions sont inévitables. Les critères cités plus haut ne peuvent pas être appliqués de manière stricte pour les services considérés comme étant de première catégorie. Cela ne veut toutefois pas dire que des instructions ne peuvent plus être données dans les rapports de travail. Les transitions vers un mandat sont ici relativement courantes. Dans les cas plus flous, un examen minutieux de l'activité permet de révéler suffisamment d'indices indiquant une dépendance ou non de l'intéressé. On peut ainsi déterminer s'il s'agit d'un rapport de travail.

Exemple :
Malgré la liberté artistique dont elles jouissent, les personnes travaillant durablement dans un théâtre sont intégrées dans la structure de l'entreprise. Par conséquent, elles sont en principe considérées comme des employés.

5.3.2 Travail sur mandat

On ne parle plus d'un rapport de travail mais d'un travail sur mandat lorsque, dans un cadre déterminé au préalable, un professionnel indépendant exerce son activité avec une liberté élargie ou totale pour l'exécution, les horaires et le contenu du travail. Il est donc autonome aussi bien financièrement que dans ses rapports avec les autres personnes.

5.3.3 Contrat d'agence

Le contrat d'agence (CO 418a et suivants) est une forme mixte associant les deux types de contrat. L'agent ou l'agente arrange des affaires pour un mandant et le représente pour la conclusion des contrats. Comme pour les indépendants, les agents ne sont pratiquement jamais intégrés dans la structure de l'entreprise. Mais à l'image des employés, ils sont économiquement dépendants de celle-ci. La législation classant juridiquement le contrat d'agence au même niveau que le mandat, le contenu du contrat d'agence détermine une forme d'activité indépendante. Toutefois, un examen complet peut mener ici aussi à une conclusion différente.

Important :
L'activité décrite dans le contrat est un indice important permettant de déterminer si on a affaire à un contrat de travail ou à un mandat, mais ne sert en aucun cas de critère unique. Ceci peut mener à des surprises en cas de conflit juridique. Le versement du salaire et l'assujettissement aux assurances sociales peuvent par exemple devenir obligatoires, bien qu'il s'agisse d'un présumé mandat n'incluant initialement pas ces exigences.

5.3.4 Quelle est la forme de contrat la plus avantageuse ?

La situation des commandes, le type d'activités et la taille de l'entreprise ont leur importance lors du choix d'une forme de contrat. Ces éléments permettent de déterminer s'il est plus avantageux d'établir une relation indépendante en concluant un mandat ou un contrat d'entreprise, ou s'il est plus judicieux d'engager des employés. Les avantages et les inconvénients propres à chaque option orientent la décision vers une des solutions.

Une relation de travail régie par un contrat de travail permet une plus grande influence sur l'activité et sur la disponibilité de l'employé. D'une manière générale, cette forme permet également de diminuer les risques de conflits dus au manque de loyauté.

Par contre, le choix du mandat ou du contrat d'entreprise offre une plus grande flexibilité. Le risque financier est ici pris en charge par le prestataire de services indépendant. Le promoteur n'est pas soumis au paiement des assurances sociales et n'est pas tenu de verser un salaire en cas de maladie ou lors des vacances. (Voir également à ce sujet la « remarque » sur le mandat et le contrat d'entreprise à la page 67).

Remarque :
Dans certaines situations, il peut être intéressant de conclure un contrat avec une agence de services. Celles-ci fournissent rapidement et régulièrement des paquets complets de services. Dans cette constellation, les relations contractuelles sont définies en tant que rapport de travail entre l'agence et le prestataire de service, et en tant que mandat entre l'agence et l'organisateur ou l'organisatrice.

5.4 A propos du contrat de travail

5.4.1 Généralités à propos du contrat de travail

Au contraire du régime en cours dans les Etats membres de l'Union européenne, le droit suisse du travail ne comporte que peu de prescriptions. D'un côté, cette situation procure une grande liberté d'organisation. De l'autre, elle peut éventuellement représenter une pierre d'achoppement. Les conflits dans ce domaine sont particulièrement désagréables pour les deux parties. Ces désagréments touchent souvent la sensibilité des personnes impliquées et peuvent éventuellement créer des problèmes existentiels chez celles-ci.

Les bases juridiques traitant de l'organisation des rapports de travail se trouvent principalement dans

- le Code des obligations,
- la loi sur le travail,
- la loi sur l'égalité et
- les conventions collectives de travail.

Les conventions collectives de travail (CCT) sont des accords écrits conclus entre des employeurs ou des associations d'employeurs et des associations de salariés. Elles règlent les conditions de travail et les rapports entre les signataires de la CCT. Les règlements portant sur les CCT se trouvent dans les articles 356 à 358 du CO.

Si une convention collective de travail existe, les dispositions établies dans un contrat de travail individuel ne peuvent pas aller à l'encontre de celles stipulées dans la convention.

Des conventions collectives de travail ont été établies pour les grands théâtres aussi bien en Suisse alémanique qu'en Suisse romande. Une liste de toutes les conventions collectives de travail existantes en Suisse se trouve sur: http//www.bfs.admin.ch/bfs/portal/fr/index.html.

Important:
Les prescriptions du droit du travail ne s'appliquent pas pour les mandats et les contrats d'entreprise.

5.4.2 Quels points dois-je observer avant de conclure un contrat de travail?

Avant de conclure un contrat de travail, quelques directives propres au droit du travail doivent être observées. La mise au concours d'un poste doit répondre aux prescriptions de la loi sur l'égalité, une discrimination par rapport au sexe de la personne étant par exemple prohibée. D'une manière générale, une mise au concours ne peut pas être discriminatoire. Des personnes handicapées ne peuvent par exemple pas être exclues du processus de candidature si elles sont capables de remplir les tâches propres au poste.

De plus, quelques directives doivent également être observées lors du choix effectif des prétendants au poste.

Quelles sont les questions adéquates lors d'un entretien d'embauche?

L'employeuse ou l'employeur est en droit de poser toutes les questions dont l'intérêt est justifié. Ceci inclut par exemple les questions sur la formation, sur les activités exercées et les certificats obtenus jusqu'à ce jour. Les questions doivent avoir un rapport direct avec le poste ou avec les qualifications nécessaires. Les questions adéquates doivent également être répondues de manière conforme à la réalité. Par contre, des questions inadéquates, sur la situation familiale par exemple, peuvent être répondues partiellement ou même rester sans réponse.

Les demandes de référence sont-elles illimitées?

Les références fournissent à l'employeur une possibilité supplémentaire de se faire une idée sur les capacités du candidat. Par le choix des références, le postulant a la possibilité d'influencer positivement l'employeur dans le processus d'embauche. Les références, tout comme les certificats, doivent répondre aux normes stipulées dans le Code des obligations (art. 330a CO) pour l'évaluation du candidat. Cela signifie que les prescriptions pour la rédaction d'un certificat sont également valables ici (voir aussi sous «un certificat de travail peut-il être exigé» à la page 81).

Les références ne doivent pas contredire les certificats de travail déjà fournis et ne doivent être communiquées au nouvel employeur que si elles possèdent un intérêt légitime. Des références de caractère personnel ne doivent en aucun cas être transmises.

Remarque :

L'obtention et la divulgation arbitraires de références sans l'accord du candidat sont illégales et enfreignent la loi sur la protection des données. Elles peuvent déclencher une action en dommages et intérêts de la part du candidat.

En accord avec la loi sur la protection des données (art. 12 al. 2 let. b), le candidat peut empêcher la divulgation de références s'il estime que celles-ci fournissent des informations négatives en comparaison à un certificat.

5.4.3 Eléments du contrat de travail

Existe-t-il des éléments qui doivent absolument être réglés par le contrat de travail ?

Suite au choix du « bon » candidat et de l'acceptation des deux parties, il reste encore à établir contractuellement les rapports de travail. D'une manière générale, les points suivants doivent être fixés dans un contrat de travail :

- nom et adresse des parties contractantes
- date et début du rapport de travail
- pour les rapports de travail de durée déterminée : la durée prévue
- la durée de la période d'essai
- le lieu de travail
- le genre d'activité
- les horaires de travail
- la rémunération, le salaire mensuel
- le droit aux vacances
- les délais de congé
- l'assurance sociale

Les règles stipulées dans le contrat de travail ne peuvent pas se situer en deçà des dispositions légales.

Ces dispositions impératives peuvent avoir un caractère absolu (art. 361 CO) ou relatif (art. 362 CO). Les modifications touchant aux dispositions impératives absolues sont toujours sans effet. Des modifications se rapportant aux dispositions impératives relatives restent sans effet si elles sont décidées au détriment de l'employé.

Si aucune réglementation n'existe sur des points spécifiques, ce sont les dispositions légales qui sont appliquées.

Quels sont les autres éléments à régler dans un contrat de travail ?

Il est également judicieux de faire figurer les règles traitant des délais de congé, du versement du salaire en cas de maladie, de la participation éventuelle aux bénéfices, du versement de primes et d'allocations pour enfant. Les règles sur les activités annexes ou la prohibition de faire concurrence devraient aussi apparaître. Un accord traitant des éventuels droits d'auteur engendrés par l'employé ou l'employée est également conseillé.

Remarque :
Bien qu'un contrat conclu oralement possède la même valeur qu'un accord écrit, il est en général plus judicieux d'établir un contrat de travail par écrit. Ceci ne permet pas seulement d'éviter des malentendus pouvant provoquer un conflit entre les parties. Dans un cas extrême devant être réglé par un juge par exemple, il est plus aisé de présenter des règles écrites pour la recherche des preuves.

Un contrat d'apprentissage ou une **prohibition de faire concurrence** post-contractuelle doit obligatoirement être conclu par écrit. Ceci a pour but de maintenir explicitement la portée de l'accord à la vue des parties contractantes.

Les accords concernant les **droits d'auteur** engendrés par l'employé ou l'employée doivent également être établis par écrit le cas échéant. Il n'existe pour ce cas pas de dispositions légales, contrairement au règlement traitant des droits sur des inventions et des designs (art. 332 CO). C'est ici le principe dit de la création qui est appliqué, c'est-à-dire que les droits reviennent automatiquement à l'auteur (l'employé ou l'employée) si aucun autre arrangement n'a été conclu.

Que se passe-t-il si des accords conclus vont à l'encontre de la loi ?

Un contrat de travail doit se tenir aux dispositions impératives absolues du Code des obligations et de la loi sur le travail. Dans le cas où des modifications iraient à leur encontre, le contrat n'est pas valable. Ce sont alors les dispositions légales en vigueur qui sont appliquées.

L'article 361 du Code suisse des obligations fournit une liste des principales dispositions impératives absolues. L'obligation de verser le salaire afférent aux vacances fait par exemple partie des dispositions impératives (art. 329 d II, III CO).

Dans un contrat ou une convention collective de travail, des modifications concernant les dispositions impératives citées dans l'article 362 du CO annulent le contrat si elles vont à l'encontre des dispositions légales. Dans ce cas, les dispositions légales sont automatiquement appliquées au bénéfice de l'employé. Celui-ci a par exemple le droit d'obtenir à tout moment un certificat de travail de la part de l'employeur (art. 330a du CO).

Quelle doit être la durée d'une période d'essai ?

En principe, il n'existe pas d'obligation en matière de période d'essai. Mais s'il est décidé de ne pas fixer contractuellement de période d'essai, il faut le stipuler séparément. Dans le cas contraire, ce sont les dispositions légales qui sont appliquées. La période d'essai prévue par la loi est d'un mois. Un accord écrit permet de prolonger celle-ci jusqu'à trois mois au maximum.

Durant la période d'essai, les deux parties peuvent dénoncer le contrat dans un délai de sept jours civils. Ensuite, le délai de congé peut varier de un à trois mois, en accord avec les années de service (voir également «A quel moment se termine le rapport de travail?» à la page 81).

Dès le premier jour de travail, l'employé a droit à des vacances. Evidemment, le droit aux vacances durant la période d'essai est proportionnel aux jours travaillés.

Qui paie le salaire durant les périodes de maladie?

Si un employé manque à son travail sans faute de sa part, entre autres pour cause de maladie, d'accident ou de service militaire, l'employeur ou l'employeuse doit verser le salaire fixé durant une certaine période. Cette dernière est de trois semaines au minimum. Cette règle n'est toutefois valable que si le rapport de travail dure depuis plus de trois mois ou s'il a été fixé pour cette durée au minimum.

Remarque:
Bien entendu, la durée de versement du salaire en cas de maladie peut être prolongée contractuellement.

A partir de la deuxième année de travail, l'obligation de verser le salaire en cas d'incapacité de travail est prolongée. Celle-ci varie en fonction des jurisprudences cantonales. Les échelles dites de Bâle, de Berne et de Zurich règles cette question en tenant compte des années de service, en accord avec la jurisprudence. Cette échelle se trouve par exemple dans le commentaire bâlois, CO I, article 324a.

Important:
En principe, il est conseillé à l'employeur ou à l'employeuse de conclure une assurance d'indemnités journalières afin de minimiser les risques financiers en cas d'arrêt de travail. Dans les cas cités, une assurance d'indemnités journalières couvre le versement du salaire en cas d'incapacité de travail, en accord avec la durée fixée dans le contrat d'assurance. Selon les prescriptions légales, de telles dispositions ne peuvent toutefois pas se faire au détriment de l'employé ou de l'employée.

Quels sont les règlements en vigueur pour les horaires de travail, les heures supplémentaires et les vacances?

L'employeur ou l'employeuse est en droit, mais sans obligation de sa part, de demander une attestation médicale pour prouver la maladie.

Pour les rapports de travail, la loi sur le travail régit la durée maximale du travail, la durée minimum des pauses et la durée des repos. Les ordonnances 1 à 4 relatives à la loi sur le travail complètent le règlement.

Important:
Dans le domaine culturel en particulier, l'ordonnance 2 relative à la loi sur le travail revêt une grande importance. Celle-ci règle les modifications autorisées touchant à la durée maximale du travail dans certains domaines d'activité. On y trouve par exemple les domaines du théâtre, de l'hô-

tellerie et de la restauration, des musées et des expositions ainsi que des établissements cinématographiques.

La **durée maximale du travail** hebdomadaire (art. 9 LTr) est réglée comme suit :

- 45 heures pour le personnel de bureau, le personnel technique et les autres employés
- 50 heures pour les autres travailleurs

En accord avec l'article 15 de la LTr, la **durée du repos** quotidien doit être d'au moins onze heures consécutives. Exceptionnellement, cette durée peut être réduite à huit heures. Ceci est possible une fois par semaine, si sur deux semaines, la moyenne de onze heures est maintenue.

La durée minimum du repos hebdomadaire est d'un dimanche et d'une autre demi-journée. La demi-journée de repos et une période de repos quotidien doivent de plus précéder ou suivre immédiatement le jour complet de repos.

Remarque :

Il existe une distinction entre les heures supplémentaires et les heures d'appoints. Les premières sont des heures de travail effectuées au-delà de la durée maximum de travail, alors que les secondes sont des heures dépassant les horaires de travail fixés contractuellement.

L'article 312c du CO expose les règles concernant les **heures supplémentaires**. En raison du devoir de fidélité de la part de l'employé envers son employeur (voir également « Quelles sont les obligations propres aux rapports de travail ? » à la page suivante), les heures supplémentaires se situant dans une fourchette raisonnable doivent être effectuées. Par la suite, les heures supplémentaires peuvent soit être rémunérées dans le cadre du salaire (moyennant un supplément de 25 pour cent), soit être compensées par des heures de congé de même durée. Les deux possibilités doivent être acceptées par l'employé.

Un accord contractuel incluant les heures supplémentaires dans le salaire mensuel et évitant ainsi de devoir les compenser séparément est toutefois permis.

Important :

En cas de litige, une preuve concernant les heures supplémentaires effectuées par l'employé ou l'employée doit être fournie.

Vacances : tous les employés ont légalement droit à quatre semaines de vacances par année : un minimum de deux semaines consécutives doit être accordé si l'employé le souhaite. Pour les employés de moins de 20 ans, la durée de vacances minimum est de 5 semaines.

La durée légale des vacances peut être prolongée au bénéfice de l'employé dans le contrat de travail ou dans les conventions collectives de travail. Durant les vacances, le salaire doit être versé à même hauteur que durant les périodes de travail.

En tant qu'**employé** ou **employée**, on doit satisfaire à de nombreuses obligations.

Le devoir principal est d'accomplir soi-même le travail fixé contractuellement, en accord avec les consignes dictées par l'employeur. En règle générale, le lieu et les horaires de travail peuvent être déterminés par l'employeur. Ceci ne s'applique toutefois que dans le cadre légal autorisé et fixé par le contrat.

L'exécution soigneuse du travail est une autre obligation dont l'employé ou l'employée doit s'acquitter. Selon l'article 321e du CO, la mesure de la diligence incombant à l'employé ou à l'employée se détermine par le contrat, en tenant compte des qualités nécessaires et des aptitudes du travailleur pour l'exécution des tâches.

Le devoir de fidélité fait également partie des obligations à laquelle l'employé ou l'employée doit satisfaire.

Les points suivants font par exemple partie du devoir de fidélité :

- ne pas faire de déclarations préjudiciables,
- ne pas provoquer de dommages ou de troubles,
- ne pas utiliser à but privé des biens appartenant à l'entreprise.

Des devoirs de fidélité spécifiques selon l'article 321a et suivants sont par exemple

- l'interdiction de réaliser du travail au noir,
- l'obligation de maintenir le secret sur les informations propres à l'entreprise,
- l'obligation d'effectuer des heures supplémentaires.

Mais l'**employeur** ou l'**employeuse** a lui aussi des obligations à remplir vis-à-vis de l'employé. L'obligation principale de l'employeur ou l'employeuse est le paiement du salaire à la date fixée, mais au plus tard à la fin du mois.

Sont également fixées comme obligations essentielles de l'employeur le versement des primes d'assurances sociales, la conclusion des assurances obligatoires et, dans la mesure du possible, le maintien de conditions de travail ergonomiques et hygiéniques pour la préservation de la santé des employés. Tous ces éléments font partie du devoir de prévoyance et d'assistance de l'employeur.

Prescriptions principales en matière de sécurité au travail

Article 328 du CO, selon lequel l'employeur doit garantir la protection de la santé des employés.

Prescriptions principales en matière de sécurité au travail

L'article 6 de la LTr oblige l'employeur à prendre toutes les mesures raisonnablement et techniquement applicables pour la protection de la santé des employés.
Remarque:
Le non-respect coupable des obligations relatives aux rapports de travail par une des parties peut entraîner une action en dommages et intérêts et la rupture du contrat. Selon la situation, l'employeur peut aller jusqu'à refuser le paiement du salaire.

Important:
Dans certaines conditions et en accord avec l'article 320 II du CO, un contrat de travail allant à l'encontre des intentions et de la volonté des deux parties peut malgré tout être valide. Ceci s'applique si l'exécution d'un travail est acceptée et que d'après les circonstances (selon le point de vue d'un tiers), celui-ci ne doit être effectué que contre un salaire.
La conséquence est que tous les droits et obligations découlant du contrat de travail sont applicables, entre autres l'obligation de verser les primes des assurances sociales.

Puis-je fixer une clause de non-concurrence?

Les articles 340 et suivant du CO prévoient la possibilité de fixer entre l'employeur et l'employé une **prohibition de faire concurrence**. L'employé peut s'engager à ne pas faire concurrence à son ancien employeur après la fin des rapports de travail. Durant une période de rapports de travail en cours, le devoir de fidélité interdit déjà à l'employé d'exercer une activité pouvant faire concurrence à son employeur.
Remarque:
Afin que la progression économique du travailleur ne soit pas entravée de façon excessive, la prohibition de faire concurrence ne peut pas être illimitée. Elle doit être déterminée raisonnablement par le lieu, la durée (trois ans au maximum) et la branche. Dans ce cas, une contrepartie est souvent versée par l'employeur sous forme d'indemnité compensatoire.

La clause de non-concurrence doit dans tous les cas être fixée par écrit. La connaissance de la clientèle et des secrets de l'entreprise par le travailleur et les risques de dommages importants qui en découlent font parties des conditions requises pour l'établissement d'une telle clause.

En accord avec la situation, la transgression de la clause de non-concurrence peut automatiquement mener à une action en dommages et intérêts d'une part et au paiement d'une peine conventionnelle de l'autre. L'exécution en nature doit être fixée séparément et par écrit. Celle-ci oblige l'ancien employé ou l'ancienne employée à renoncer aux situations allant à l'encontre du contrat.

A quel moment se termine le rapport de travail ?

La durée du rapport de travail dépend avant tout des accords fixés dans le contrat de travail.

Si aucun accord n'a été convenu sur la durée du contrat, les rapports de travail sont conclus pour une période indéterminée. Les rapports de travail prennent alors fin avec la résiliation du contrat par l'employeur ou le travailleur.

S'ils sont établis pour une durée déterminée ou jusqu'à événement particulier, les rapports de travail se terminent à la fin de la période fixée.

Exemple :
Une actrice conclut un contrat comportant deux clauses. La première fixe une durée de travail déterminée allant jusqu'à la fin de la période des représentations, en juillet de l'année suivante. La deuxième stipule que si un accord est trouvé, le contrat court pour une période indéterminée allant jusqu'à l'arrêt des représentations de la pièce X.

Remarque :
Si des rapports de travail de durée déterminée sont prolongés tacitement après la fin de la période, ils se transforment automatiquement en rapports de travail de durée indéterminée.

Les parties signataires d'un contrat de travail peuvent également conclure un contrat d'annulation consensuel selon lequel les rapports de travail peuvent se terminer à un moment convenu.

Les rapports de travail prennent également fin en cas de décès de l'employé. Par contre, en cas de décès de l'employeur, les rapports de travail continuent avec la succession. Sans l'existence d'éventuels délais de congé dans le contrat, le travailleur peut dénoncer ce dernier en respectant les délais légaux. Il existe toutefois une exception à cette règle si les rapports de travail étaient directement liés à l'employeur en tant que personne.

Remarque :
En accord avec l'article 333 du CO, les rapports de travail ne prennent pas fin lors du transfert de l'entreprise à un tiers. Dans ce cas, les rapports de travail sont également transférés.

Un certificat de travail peut-il être exigé ?

L'employé peut en tout temps demander l'établissement d'un certificat de travail (art. 330a CO), et non pas uniquement à la fin des rapports de travail. L'employeur ne doit cependant fournir un certificat que sur demande du travailleur.

Le certificat pouvant être déterminant pour l'avancement professionnel du travailleur, l'employeur doit respecter la vérité et faire preuve de bienveillance lors de l'établissement de celui-ci.

Le contenu du certificat doit être clair, complet et objectif. Il doit inclure tous les faits importants, cela déjà dans le simple but de préserver un futur employeur ou une future employeuse. Il ne doit toutefois pas entraver la progression professionnelle de l'employé ou de l'employée. Le certificat ne doit pas comporter de formulations occultes. Sur demande du travailleur, le certificat ne doit porter que sur la nature et la durée des rapports de travail.

Important :
Il est conseillé de ne pas établir de certificat de complaisance. Dans le cas ou un futur employeur subit un dommage découlant d'informations inexactes, celui-ci peut se retourner contre l'auteur pour obtenir réparation.

Les prétentions pour l'établissement d'un certificat de travail ou la correction du contenu du certificat peuvent être invoquées juridiquement par l'employé ou l'employée.

5.4.4 Prescriptions en cas d'annonce de congé

Quels sont les éléments à observer lors d'une annonce de congé ?

Les rapports de travail de durée déterminée s'arrêtent à la fin de la période fixée contractuellement. Par contre, les rapports de travail de durée indéterminée doivent être résilier séparément, leur fin n'étant pas définie.

Fondamentalement, le principe de la liberté de résilier est valable pour tous les rapports de travail. Ceux-ci peuvent être rompus librement par les deux parties, en respectant un délai de congé le cas échéant.

Un congé peut être annoncé oralement si aucune forme écrite n'est exigée par le contrat de travail ou par la convention collective de travail. Exceptionnellement, le congé peut également être décidé de forme tacite, c'est-à-dire sans l'annoncer.

L'annonce du congé doit toutefois apparaître comme claire et sans équivoque. L'annonce prend effet au moment où elle parvient dans l'environnement personnel du destinataire et que celui-ci est à même d'en prendre connaissance de manière régulière (la distribution dans la boîte aux lettres par exemple). Cela signifie que le délai de congé prend effet à partir de ce moment et que les rapports de travail se terminent à l'échéance du délai.

Dans tous les cas, la partie ayant reçu l'avis de congé peut demander que les raisons du congé lui soient communiquées par écrit.

La résiliation de contrat pour cause de modification, décidée par l'employeur dans le cas où l'employé n'accepte pas la modification proposée, est un cas exceptionnel. Le but est en effet de maintenir l'emploi, et le congé n'est donné que si le contrat modifié n'est pas accepté.

Le Code des obligations prévoit deux types de résiliation :

– le congé respectant le délai de résiliation (légal ou contractuel),
– la résiliation immédiate.

Les délais de résiliation prescrits par la loi après la fin de la période d'essai sont toujours prévus pour la fin d'un mois (voir aussi le chapitre «Quelle doit être la durée d'une période d'essai?» à la page 76).

– le délai est d'un mois durant la première année de service,
– de deux mois entre la deuxième et la neuvième année de service,
– et de trois mois à partir de la dixième année de service.

Ces prescriptions peuvent en principe être modifiées par un contrat de travail écrit ou par une convention collective de travail.

Congé respectant le délai de résiliation

Les délais de congé prévus contractuellement doivent être égaux pour les deux parties. Dans le cas contraire, le délai le plus long vaut pour les deux signataires. Lors de licenciements pour raison économique, par exemple lors de la fermeture d'une entreprise, des modifications peuvent exceptionnellement être adoptées, permettant de réduire le délai de congé envers les employés. Une réduction du délai de congé à moins d'un mois n'est toutefois possible que lors de la première année de service et sur la base d'une convention collective de travail.

Résiliation immédiate

Une résiliation immédiate est possible si elle se base sur des **justes motifs**: chaque partie peut alors donner le congé sans avoir à respecter les délais de résiliation. Il existe un juste motif lorsque la partie ayant donné le congé ne peut raisonnablement pas prolonger les rapports de travail jusqu'au au prochain délai de résiliation ou jusqu'à la fin de la période prévue (délai déterminé). Cette règle ne s'applique qu'en cas de faute grave. En accord avec chaque situation, des avertissements doivent en premier lieu être prononcés. La résiliation immédiate pour juste motif est considérée comme une rupture légale des rapports de travail. Si le juste motif dépend d'attitudes contraires au contrat de la part de la partie licenciée, celles-ci peuvent entraîner une action en dommages et intérêts. Suite à la prise de connaissance du motif, le congé doit être annoncé immédiatement.

Si une résiliation immédiate est prononcée de **manière injustifiée** par l'employeur ou l'employeuse, les rapports de travail se terminent alors immédiatement de manière valide. Dans un tel cas, l'employé ou l'employée à toutefois droit à toutes les prestations qu'il/qu'elle aurait obtenu si le contrat de travail avait été dénoncé normalement. Cela signifie que le salaire est versé jusqu'au moment ou les rapports de travail se seraient terminés, en respectant le délai de résiliation. En accord avec la situation de résiliation injustifiée (la nature du congé: les conséquences sur la situation personnelle de la personne licenciée), l'employeur peut être tenu de verser une indemnité financière pouvant représenter jusqu'à six mois de salaire. Toutes ces mesures doivent cependant être prises par voie de justice.

Contre quels congés est-on protégé ?

Le droit suisse du travail ne prévoit que peu de situations en matière de protection contre les congés. Une protection n'existe qu'en cas de congé abusif ou de résiliation en temps inopportun.

Selon l'article 336 du CO, un **congé** est **abusif** lorsque

- il est dicté par une raison inhérente à la personnalité de l'autre partie (le sexe ou la religion par exemple), à moins que cette raison n'ait un lien avec le rapport de travail en question.
- il est décidé en raison de l'exercice d'un droit constitutionnel, à moins que celui-ci ne viole une obligation du rapport de travail ou ne porte un préjudice grave au travail de l'entreprise,
- il est prononcé pour éviter de satisfaire à des prétentions contractuelles (le versement d'une gratification en fin d'année par exemple),
- il intervient parce que l'autre partie fait valoir de bonne foi des prétentions résultant du contrat de travail,
- il est prononcé en raison de l'exercice d'activités au sein d'une organisation de travailleur ou d'un syndicat,
- il est décidé en raison de l'exercice obligatoire du service militaire.

Remarque :
La prononciation d'un congé abusif prend en principe effet normalement, mais la partie ayant reçu le congé peut faire valoir sa prétention à une indemnité si elle intente une action en justice dans les 180 jours à compter de la fin des rapports de travail. Le signataire ayant reçu le congé doit cependant faire opposition par écrit auprès de l'autre partie au plus tard jusqu'à la fin du délai de résiliation s'il entend obtenir une indemnité.

Une **résiliation en temps inopportun** peut provenir aussi bien de l'employeur (art. 336c CO) que de l'employé (art. 336d CO). Une résiliation en temps inopportun ne peut prendre forme qu'après la période d'essai. De la part de l'employeur, elle est considérée comme telle lorsque

- elle est prononcée durant une période de service militaire ou civil (d'une durée de onze jours au minimum) ou durant les quatre semaines précédant ou suivant ce service,
- le travailleur participe à une action d'aide à l'étranger,
- elle est annoncée durant la grossesse ou au cours des 16 semaines suivant l'accouchement,
- l'employé ou l'employée est en arrêt de travail pour cause de maladie ou d'accident (durant 30 jours d'incapacité de travailler la première année de service, 90 jours de la deuxième à la cinquième année et 180 jours à partir de la sixième année de service).

Important :
Chaque motif cité ci-dessus marque le début d'une nouvelle période de suspension. Le retour après une maladie fait toutefois exception à cette règle.

Les employés également ne sont pas en droit de donner leur congé en temps inopportun. En accord avec la loi, ceci n'est le cas que si un supérieur (ou l'employeur lui-même) dont l'employé est en mesure d'assurer le poste se trouve empêché dans ses fonctions pour cause de service militaire ou civil, et qu'il incombe au travailleur de remplir ces fonctions durant l'absence.

Un congé n'est pas valide s'il est donné à un moment inopportun. La manière de communiquer le congé est ici aussi déterminante (voir également le chapitre « Quels sont les éléments à observer lors d'une annonce de congé ? » à la page 82). Si le congé est donné avant un temps dit inopportun et que le délai de congé n'a pas expiré avant cette période ou qu'il expire durant celle-ci, le délai est suspendu pour la période en question, mais au moins jusqu'à la fin du mois. Une action en dommages et intérêts n'est pas possible en cas de résiliation en temps inopportun.
Exemple :
Le membre d'un orchestre reçoit son congé à la fin juillet, avec effet à la fin septembre. Il tombe malade du 15 au 31 août. Le délai de congé est suspendu durant cette période et court de nouveau à partir du 1er septembre. Comme la prolongation du délai de congé ne correspond pas à la fin d'un mois, le délai est fixé à la fin octobre.

5.5 Droit des assurances sociales

5.5.1 Principe des assurances sociales

En cas de vieillesse, de chômage, d'invalidité ou de décès d'une personne assurée ou d'un membre de sa famille, la poursuite de la vie courante doit pouvoir être garantie. Ceci est d'autant plus valable pour les professions artistiques, les rémunérations salariales régulières et continues n'étant pas forcément la règle dans ce domaine.

Le système d'assurances sociales en Suisse se base principalement sur trois piliers. Ce sont l'AVS/AI (premier pilier), la prévoyance professionnelle (deuxième pilier) et la prévoyance personnelle (troisième pilier). Ces trois piliers sont de plus complétés par l'assurance-chômage, les allocations pour perte de gain ainsi que les allocations familiales.

Remarque :
Certaines règles du droit des assurances sociales changent d'une manière relativement rapide, en particulier pour les cotisations de différentes assurances et les éléments qui les accompagnent. Les informations fournies dans ce chapitre correspondent à la situation valant au moment de l'impression de ce guide.

Qui est obligatoirement assujetti aux assurances sociales ?

Toute personne habitant et/ou travaillant en Suisse (également lors d'une activité professionnelle exercée à l'étranger pour un employeur suisse) est assujetti à l'AVS, à l'AI et à l'APG à partir de l'année suivant ses 17 ans.

Exemple :
Marie a 17 ans le 3 mars 2007. Son assujettissement à l'AVS commence à partir du 1er janvier 2008.

L'assujettissement se termine avec l'atteinte de l'âge de la retraite et à la fin de l'activité lucrative.

Les personnes sans activité lucrative paient des cotisations réduites ou en sont exemptées. Ce sont par exemple les étudiants, les invalides, les femmes et les hommes au foyer. Le calcul de la cotisation se base sur la fortune disponible ou le revenu annuel. S'il n'existe pas de fortune et/ou de revenu, la cotisation annuelle se monte à un minimum de CHF 445 par an.

Puis-je également m'assurer à titre volontaire ?

En respectant certaines conditions, il est également possible de s'assurer à titre volontaire. Les personnes se trouvant dans les situations suivantes peuvent s'assurer facultativement à'étranger :

- personnes possédant la citoyenneté suisse,
- personnes travaillant pour un employeur dont le siège est en Suisse,
- étudiants sans activité lucrative, s'ils ont été soumis à l'AVS pendant cinq années immédiatement avant ou après la durée du séjour,
- les ressortissants des Etats membres de l'UE et de l'AELE, s'ils ont cotisé antérieurement à l'assurance durant une période minimale de cinq ans et qu'ils habitent en dehors de la zone de l'UE et de l'AELE.

Seule une partie de la couverture sociale est prise en charge par les pouvoirs publics : des cotisations doivent donc être payées par les travailleurs indépendants, les employeurs et les employés. Ceci inclut par exemple les prestations complémentaires (PC). Celles-ci assurent l'existence dans les situations où la rente ne couvre pas entièrement les coûts de la vie.

Les cotisations à payer par les employeurs, les employés et les travailleurs indépendants apparaissent dans le tableau suivant :

Cotisations obligatoires	Cotisations en pour cent du salaire brut	Qui doit payer ?
Assurance-vieillesse et survivants (AVS)	4,2 % chacun	employeur/ employé
	7,8 % (taux se réduisant proportionnellement pour un revenu annuel en dessous de CHF 53 100, cotisation minimum de CHF 445 pour un revenu annuel en dessous de CHF 8900)	indépendant
Assurance-invalidité (AI)	0,7 % chacun	employeur/employé
	1,4 % (taux se réduisant proportionnellement pour un revenu annuel en dessous de CHF 53 100, cotisation minimum de CHF 445 pour un revenu annuel en dessous de CHF 8900)	indépendant
Allocations pour perte de gain (APG)	0,15 % chacun	employeur/employé
	0,3 % (taux se réduisant proportionnellement pour un revenu annuel en dessous de CHF 53 100, cotisation minimum de CHF 445 pour un revenu annuel en dessous de CHF 8900)	indépendant
Assurance-chômage (AC)	1,0 % chacun	employeur/employé pour chaque rapport de travail jusqu'à un salaire annuel de CHF 106 800 : la partie du salaire dépassant se montant est libre de taxe

Cotisations obligatoires	Cotisations en pour cent du salaire brut	Qui doit payer ?
Assurance-accidents (AA)	en accord avec le contrat d'assurance	employeur (les primes pour les accidents non-professionnels peuvent toutefois être déchargées sur le travailleur)
Assurance-maladie (AMal)	cotisation mensuelle fixe, en accord avec l'étendue de l'assurance	employé, indépendant
Assurance d'indemnités journalières en cas de maladie	coûts dépendant de l'étendue de l'assurance : possibilité de répartir les primes	employeur/employé
Prévoyance professionnelle (LPP)	en accord avec (le règlement de) l'institution de prévoyance	employeur/employé, dans le cas de revenu soumis à l'AVS de CHF 19 800 minimum actuellement (mais pas comme revenu accessoire), pour la part dite de déduction de coordination (CHF 23 205 actuellement) facultative pour les indépendants
Allocations familiales	allocations adaptées périodiquement au salaire	employeur

5.5.2 A quoi faut-il tenir compte du côté des employés ?

Mis à part l'AVS, l'AI et l'APG obligatoires, les employés doivent également cotiser à l'assurance-chômage et à la LPP le cas échéant.

Les cotisations aux assurances sociales sont prises en charge dans une proportion de 50 pour cent par l'employeur ou l'employeuse et par l'employé ou l'employée.

Par contre, les primes d'assurance-accidents sont entièrement réglées par l'employeur ou l'employeuse. Seules les cotisations pour l'assurance des accidents non-professionnels peuvent être déchargées sur l'employé ou l'employée.

Pour le calcul des cotisations aux assurances sociales, les revenus pris en compte sont les suivants :

- salaire au temps, à la tâche ou à la prime (les revenus « bagatelles » et les revenus accessoires également, si aucune exemption n'existe)
- salaires des membres de la famille travaillant dans l'exploitation
- indemnités pour les heures supplémentaires et le travail de nuit, indemnités de vacances et de jours fériés
- versement du salaire par l'employeur en cas de maladie et pour protection de la maternité
- gratifications, primes de fidélité, parts de bénéfice, actions de collaborateurs
- provisions, commissions
- jetons de présence, tantième
- pourboires (mais seulement si ceux-ci représentent une part importante du salaire convenu)
- rémunération en nature comme l'alimentation et le logement (si ceux-ci sont fournis de manière régulière)

Pour les membres de la famille travaillant de façon indépendante dans l'entreprise, les salaires mensuels globaux sont fixés comme suit :

membre de la famille célibataire	1890 CHF
membre de la famille marié	2790 CHF
entretien d'enfants mineurs	630 CHF

Puis-je me soustraire à l'AVS et aux autres assurances ?

Si une personne réalise un gain accessoire ne dépassant pas CHF 2000 par année et par employeur, il est possible de renoncer au paiement des cotisations en remplissant un formulaire d'exemption de l'AVS. L'employeur et le travailleur doivent pour cela établir un accord par écrit.

C'est la caisse de compensation qui évalue si un revenu peut être considéré comme accessoire. Toutefois, la classification d'un emploi en tant qu'activité accessoire exige en général l'existence d'une activité principale.

Remarque :
Les formulaires d'exemption correspondants peuvent être obtenus auprès de la caisse de compensation compétente.

5.5.3 Règlements pour les travailleurs indépendants

Quelle est la situation des travailleurs indépendants ?

Pour les travailleurs indépendants, c'est-à-dire qui occupent une activité à leur compte et qui prennent en charge les risques de l'entreprise, les règles appliquées présentent de nombreuses différences. Une assurance-chômage ne peut par exemple pas être conclue : le risque de chômage est ainsi entièrement assumé par le travailleur indépendant. Les cotisations aux assurances sociales sont également à l'entière charge du travailleur indépendant. La participation à la prévoyance professionnelle (LPP) peut être décidée librement.

En matière d'assurances sociales, ce sont les caisses de compensation qui vérifient si la personne en question exerce une activité indépendante ou de salarié.

Important :

La distinction entre une activité indépendante ou de salarié n'est pas seulement déterminante en matière de cotisations obligatoires. Elle joue également un rôle lorsqu'un travailleur indépendant souhaite travailler dans sa propre entreprise avec d'autres travailleurs indépendants présumés. Si les « travailleurs indépendants » ne sont pas annoncés comme tels, il n'est pas exclu de devoir verser rétroactivement des cotisations aux assurances sociales.

La qualification en tant qu'indépendant ou salarié est effectuée au cas par cas. Les critères suivants vont dans le sens d'une activité lucrative indépendante :

- propre raison sociale
- propres risques économiques, propre infrastructure, propres locaux en particulier
- établissement des factures à son propre nom, propres risques pour l'encaissement
- assujettissement à la taxe sur la valeur ajoutée le cas échéant
- propre organisation du travail, emploi de personnel
- travaux effectués pour différents clients

Remarque :

Afin d'éviter les situations de faux indépendants, les caisses de compensation demandent normalement des justificatifs prouvant que l'activité est autonome. Par exemple, un minimum de trois à quatre mandats par année est généralement exigé. En présence d'un seul client, les caisses de compensation optent normalement pour un rapport de travail en tant qu'employé. Dans ce cas, le mandant est considéré comme employeur et est soumis à toutes les obligations relatives au droit des assurances sociales. Il risque ainsi de devoir verser rétroactivement des cotisations, comme cité plus haut.

La base de calcul pour les cotisations aux assurances sociales est le montant du revenu annuel imposable. Les cotisations AVS déjà versées sont rajoutées à ce montant. Un intérêt sur le capital propre investi dans l'entreprise est déductible. Le taux de la cotisation pour les indépendants s'élève à 9,5 % pour un revenu à partir de CHF 53 100. En dessous de ce montant, une échelle dégressive des cotisations allant de 9,013 à 5,116 pour cent est appliquée.

Exemple :
Sophia Bella exploite un théâtre de danse. Son revenu total pour l'année de cotisation 2002 se monte à CHF 70 000. Elle a déjà versé CHF 6650 d'acomptes. La même année, elle a investi dans la scène un montant s'élevant à CHF 18 000.

revenu imposable	63 350.00 CHF
acomptes AVS	6650.00 CHF
revenu total	70 000.00 CHF
-3,5 % sur l'investissement de CHF 18 000	630.00 CHF
base de calcul pour l'AVS	69 370.00 CHF
9,5 %, cotisations AVS/AI/PC	6590.15 CHF

Durant l'année de cotisation, les travailleurs indépendants doivent verser des acomptes auprès de la caisse de compensation. Ces acomptes sont ensuite décomptés lors de la réception de la déclaration d'impôts, et en accord avec le montant réel à payer, ils sont soit compensés, soit complétés.
Remarque :
Des modifications importantes du revenu doivent être immédiatement annoncées à la caisse de compensation. Dans le cas d'une augmentation de revenu, on court sinon le risque de devoir verser des intérêts moratoires. Des intérêts moratoires peuvent également être réclamés si la remise de la déclaration d'impôts est retardée de plusieurs années.

5.5.4 De quoi dois-je tenir compte en tant qu'employeur ou qu'employeuse ?

Plusieurs éléments doivent être pris en compte lorsque des personnes sont engagées en tant qu'employés. Les nouveaux employés doivent par exemple être annoncés auprès de la caisse de compensation correspondante et la moitié des cotisations AVS, AI, APG et de la LPP le cas échéant doit être pris en charge. Une assurance-accidents doit être conclue et les cotisations s'y rapportant doivent être payées dans leur totalité.

Un tableau montrant les différentes assurances sociales à prendre en compte est disponible dans le chapitre 5.5.1 « Principe des assurances sociales ». L'employeur est également responsable pour l'exécution et le règlement des cotisations auprès de la caisse de compensation et des institutions de prévoyance. Celles-ci doivent généralement être versées mensuellement sous forme d'acomptes. Lorsque la masse salariale mensuelle des employés de l'entreprise ne dépasse pas CHF 200 000, les cotisations ne doivent être versées que trimestriellement. Le versement des cotisations doit être effectué au plus tard dix jours après le délai de paiement relatif à la période.

Après la conclusion de l'exercice financier, la caisse de compensation se base sur les certificats annuels de salaire pour déterminer le montant des cotisations à verser. Elle effectue ensuite les décomptes auprès de l'employeur.

Important :

Des modifications dans les effectifs du personnel doivent être annoncées immédiatement. Ceci évite le versement rétroactif de cotisations à la fin d'une période comptable, pouvant créer un trou financier durant l'exercice.

De plus, les délais de paiement doivent absolument être respectés. Les caisses de compensation peuvent exiger un intérêt de 5% sur les paiements en retard. Ces intérêts sont à la charge de l'employeur.

5.5.5 Prestations des assurances sociales

Les prestations de l'AVS sont :

- la rente de vieillesse (avec rente complémentaire ou rente pour enfant le cas échéant)
- l'allocation pour impotent
- les moyens auxiliaires
- la rente de survivants (rente de veuve ou de veuf, rente d'orphelin)

A l'heure actuelle, la rente de vieillesse est versée à partir de 65 ans pour les hommes et 64 ans pour les femmes. Des bonifications sont versées pour les tâches éducatives d'enfants ou de descendants en ligne directe, ainsi que pour les tâches d'assistance de parents en ligne ascendante.

Le calcul de la rente tient compte des années de cotisations, du revenu de l'activité lucrative et des éventuelles bonifications pour tâches éducatives ou d'assistance.

Une retraite anticipée (antécédence d'un à deux ans) est normalement possible, moyennant une diminution de la rente. L'ajournement de la retraite entraîne une augmentation de la rente.

Les lacunes dans les cotisations, pour cause de séjour à l'étranger par exemple, peuvent être comblées dans les cinq ans suivant l'interruption.

Les caisses de compensation auxquelles des cotisations ont été payées apparaissent sur le certificat d'assurance AVS.

Remarque :

Les numéros de toutes les caisses de compensation peuvent être consultés dans les dernières pages de l'annuaire téléphonique.

Quelles sont les prestations fournies par l'assurance-chômage ?

Selon la loi fédérale sur l'assurance-chômage obligatoire et l'indemnité en cas d'insolvabilité (LACI), les prestations suivantes sont prévues :

- indemnité de suppression du revenu en cas de chômage (indemnité de chômage)

– compensation de la perte de salaire en cas de réduction des horaires (indemnité en cas de réduction de l'horaire de travail)
– compensation de la perte de salaire en cas d'intempéries (indemnité en cas d'intempéries)
– compensation de la perte de salaire en cas d'incapacité de payer de la part de l'employeur (indemnité en cas d'insolvabilité)
– contribution aux mesures de lutte contre le chômage (mesures relatives au marché du travail)

Si la période de cotisations requise est respectée, les prestations prévues par la LACI sont en principe garanties. Une occupation d'au moins 12 mois durant les deux dernières années répond aux critères d'une période de cotisations régulière. Si la période de cotisations des 24 derniers mois est composée de plusieurs engagements à cour terme, ces derniers sont additionnés entre eux.

Pour les employés changeant fréquemment d'employeur ou concluant régulièrement des contrats de travail à durée déterminée, les 30 premiers jours civils du travail à durée limitée sont décomptés deux fois. Cette règle répond aux prescriptions dictées par la LACI et l'OACI. Si le rapport de travail dure moins de 30 jours, tous les jours de travail sont décomptés deux fois.

Après un délai de carence de cinq jours, une personne apte au placement se retrouvant au chômage reçoit des indemnités de chômage durant 400 jours au maximum. Les travailleurs de plus de 55 ans où les rentiers AI ou SUVA ayant cotisé durant une période supérieure à 18 mois au cours des 2 années précédant leur demande ont droit à 520 jours d'indemnité. Une augmentation de 120 jours est possible si la période de chômage intervient durant les quatre années précédant l'âge donnant droit aux prestations AVS.

En accord avec la situation personnelle, l'indemnité de chômage représente 70 à 80 pour cent du salaire assuré.

Important :
Une mise au chômage doit être immédiatement annoncée à la caisse cantonale de chômage. De plus, la demande doit être accompagnée des documents nécessaires. Il s'agit du certificat d'assurance AVS, de la lettre de congé du dernier emploi, des certificats de travail, des certificats de formation et du livret pour étranger le cas échéant. Les formulaires correspondants doivent être complétés.

Quelles sont les prestations fournies par l'assurance-invalidité ?

L'assurance-invalidité offre un soutien aux personnes se retrouvant dans une incapacité partielle ou totale de travailler suite à une atteinte probablement définitive où en tous cas prolongée de leur santé. La manière dont l'invalidité a été provoquée n'est pas déterminante. Cela peut provenir d'un accident ou d'une maladie présentant des séquelles physiques ou mentales par exemple.

Les prestations de l'assurance-invalidité peuvent entre autres couvrir :
– des mesures médicales et professionnelles pour la réadaptation
– des frais de transport
– des formations
– des indemnités journalières
– une mise à disposition de moyens auxiliaires (lunettes ou appareil auditif par exemple)
– une allocation pour impotent
– des prestations complémentaires
– une rente d'invalidité

Un droit à la rente d'invalidité n'est possible qu'à partir de la 18e année et uniquement si le taux d'invalidité touchant la capacité de travailler atteint 40 pour cent. Les prestations encourageant la réinsertion sont prioritaires. Une rente d'invalidité n'est accordée qu'à partir du moment ou un examen démontre qu'une réinsertion n'est plus possible.

Quelles sont les prestations fournies par l'assurance d'accidents professionnels et non-professionnels ?

Les suites d'accidents professionnels sont couvertes par l'assurance-accidents obligatoire.

Si l'employé ne possède pas d'assurance privée couvrant les accidents non-professionnels et qu'il travaille plus de huit heures par semaine, les suites d'accidents non-professionnels doivent également être couvertes par l'assurance-accidents obligatoire.

Les primes de l'assurance-accidents professionnels sont payées à 100 pour cent par l'employeur ou l'employeuse. Les primes de l'assurance-accidents non-professionnels (ANP) peuvent être déduites du salaire.

Dans certaines branches professionnelles comme la production cinématographique, c'est la SUVA qui est compétente. Pour la branche du théâtre en revanche, une assurance doit être conclue auprès d'une compagnie privée. Le montant des primes de la SUVA dépend de la branche en question, les risques étant variables d'une activité à l'autre.

Important :
Pour les travailleurs indépendants, l'assurance-accidents professionnels et non-professionnels n'est pas obligatoire. Ils ont toutefois la possibilité de s'assurer à titre volontaire contre ces deux risques.

Quelles sont les prestations fournies par la prévoyance professionnelle (LPP/ caisse de pension) ?

En payant les cotisations du deuxième pilier, une retraite complétant l'AVS est assurée dès l'âge de 25 ans. De plus, les risques en cas d'invalidité ou de décès sont couvert dès la fin de la 17e année lorsque les cotisations sont versées.

Les prestations de la LPP sont :
– la prestation de vieillesse (rente de vieillesse et/ou prestation en capital, rente pour enfant)

– la prévoyance invalidité (rente d'invalidité, rente pour enfant en cas d'invalidité, prestations en capital)
– la prévoyance pour les survivants (rente de survivants pour le conjoint survivant ou le partenaire enregistré, prestation de survivant pour le/la partenaire non marié(e) ou non enregistré(e), rente d'orphelin, prestation en capital)

Pour éviter les cas de surindemnisation, c'est-à-dire les situations où la personne concernée serait mieux lotie que si elle n'était pas accidentée ou malade, les prestations sont réglées en accord avec la LPP. Lorsque les prestations d'invalidité et de survivant versées par l'assurance-accidents ou par l'assurance-militaire couvrent déjà les 90 pour cent des gains manquants présumés, les prestations d'invalidité et de survivant ne sont pas payées dans le cadre de la LPP. En dessous de la limite de 90 pour cent, un complément est versé dans le cadre de la LPP.

Le deuxième pilier est obligatoire si l'employé travaille au minimum 3 mois par année pour le même employeur et que le salaire annuel atteint au moins la somme de CHF 19 800. Le salaire dépassant la déduction de coordination est assuré jusqu'à une limite de CHF 79 560. Pour 2007, la déduction de coordination s'élève à CHF 23 205. Pour les salaires à partir de CHF 19 800 et jusqu'aux salaires ne dépassant que de manière insignifiante la déduction de coordination (CHF 26 520 au maximum), un salaire assuré uniforme de CHF 3315 est pris en compte pour le décompte des cotisations. Les cotisations à la LPP doivent être décomptées par l'employeur auprès d'une institution de prévoyance enregistrée.

En quittant une institution de prévoyance, lors d'un changement d'employeur par exemple, le « maintien de la prévoyance » bénéficie du libre passage. Pour cela, l'institution de prévoyance actuelle effectue le versement de la prestation de sortie à l'institution de prévoyance du nouvel employeur ou à une institution de libre passage.

Les indépendants peuvent cotiser à titre volontaire au deuxième pilier. Les fondations de prévoyance comme la fondation de prévoyance film et audiovision (FPA) proposent dans ce cas des solutions satisfaisantes.

Remarque :
Le lien Internet http ://www.theaterschaffende.ch/freischaffendf.html offre une bonne vue d'ensemble des adresses fournissant des réponses aux questions sur les assurances sociales.

En tant qu'étranger, puis-je bénéficier d'une rente suisse après mon retour dans mon pays d'origine ?

Les ressortissants d'Etats avec lesquels des traités internationaux sur les conventions de sécurité sociale ont été signées bénéficient également des prestations de vieillesse pour lesquelles ils ont cotisé durant leur activité en Suisse. L'Allemagne, la France, l'Autriche et l'Italie, mais aussi les USA, font entre autres partie de ces pays. Les prestations de vieillesse ne peuvent pas être exigées dans les pays n'étant pas soumis à ce règlement. Les ressortissants de ces Etats peuvent toutefois bénéficier d'un remboursement des cotisations AVS versées.

5.6 Autorisation de séjour ou autorisation de travail ?

Un citoyen étranger désirant vivre ou travailler en tant qu'organisateur ou en tant qu'employé en Suisse doit être en possession d'une autorisation correspondante. Depuis le 1er juillet 2002 et suite à des accords bilatéraux, les prescriptions en vigueur se sont assouplies pour les ressortissants de l'Union européenne, du Liechtenstein, de l'Islande et de la Norvège. Les règlements ont été simplifiés et un système de quotas a été provisoirement adopté pour l'octroi d'autorisations de travail. A partir du 1er juillet 2007, une autorisation ne sera plus nécessaire. Les citoyens suisses pourront, dans la même mesure, opter pour une place de travail à l'étranger.

Quels sont les types d'autorisations de séjour avant le 1. 7. 2007 ?

Pour les ressortissants de l'Union européenne, du Liechtenstein, de l'Islande et de la Norvège, le tableau ci-dessous présente les différentes autorisations de séjour ou de travail à disposition :

Type d'autorisation	Teneur	Remarques
Autorisation de séjour de courte durée L-CE	Est octroyée aux personnes possédant un contrat de travail de durée déterminée d'au maximum 12 mois	La demande est faite par l'employeur auprès de l'autorité cantonale. Une prolongation de l'autorisation de séjour de courte durée est possible, en prolongeant le contrat de travail après 12 mois par exemple.
Autorisation de séjour B-CE	Est octroyée aux personnes possédant un contrat de travail de durée indéterminée ou un contrat de travail valable plus de 12 mois	La demande est faite par l'employeur auprès de l'autorité cantonale. Une prolongation de l'autorisation de séjour B est en principe possible, si un contrat de travail d'une période supplémentaire de 12 mois au minimum est établi. Elle est octroyée en principe pour cinq ans, mais elle peut être limitée à un an.

Autorisation d'établissement C-CE	Est octroyée aux personnes résidant depuis au moins cinq ans en Suisse et qui étaient en possession de l'autorisation B	La demande est faite par l'employeur auprès de l'autorité cantonale. L'autorisation permet d'accéder de manière illimitée au marché suisse du travail.
Autorisation frontalière G-CE	Est octroyée aux personnes travaillant en Suisse mais étant domiciliées à l'étranger	La demande est faite par l'employeur auprès de l'autorité cantonale. L'autorisation frontalière ne permet pas de séjours prolongés en Suisse. Après son expiration, la transformation de celle-ci en autorisation de séjour n'est pas possible. En cas de prévision de changement de domicile, une demande séparée doit être effectuée. Une autorisation frontalière doit être octroyée à tous les ressortissants de l'UE, et pas uniquement au frontaliers. Une sortie du pays doit avoir lieu au minimum une fois par semaine.

Les ressortissant de l'UE ont également la possibilité de s'installer à leur compte en Suisse, pour autant qu'ils puissent assumer l'entier des risques financiers. Des justificatifs seront exigés à cet effet. Une autorisation L ou B pourra être octroyée dans ce cas.

Existe-t-il des particularités pour les non-ressortissants de l'UE ?

Les non-ressortissants de l'UE ne peuvent obtenir une autorisation de travail que s'il est prouvé qu'aucun citoyen suisse ou de l'UE n'est disponible pour le poste en question. Des exceptions peuvent toutefois être faites pour le «personnel hautement qualifié». Les autorisations peuvent en principe aussi être prolongées, les difficultés étant toutefois plus importantes que pour les ressortissants de l'UE. L'autorisation de travail en question est mentionnée dans l'autorisation de séjour correspondante.

5.7 Textes de référence

Sources juridiques :

Le Code civil suisse, CC
Le Code suisse des obligations, CO
Loi sur le travail, LTr
Loi sur l'égalité, LEg
Loi fédérale sur l'assurance-maladie, LAMal
Loi fédérale sur l'assurance-chômage obligatoire et l'indemnité en cas d'insolvabilité, LACI
Loi fédérale sur la partie générale du droit des assurances sociales, LPGA
Loi fédérale sur l'assurance-vieillesse et survivants, LAVS
Loi fédérale sur l'assurance-invalidité, LAI
Loi fédérale sur l'assurance-accidents, LAA
Ordonnance sur la protection contre les nuisances sonores et les rayons laser, lors de manifestations
Une liste de toutes les conventions collectives de travail existantes en Suisse se trouve sur : www.bfs.admin.ch/bfs/portal/fr/index.html.
Les lois et les ordonnances les plus importantes traitant du droit du travail se trouvent dans : Rehbinder, Manfred : Arbeitsrecht, 5ᵉ édition. Zurich 2004.

Autres ouvrages :

Beobachter-Ratgeber : Bräunlich Keller, Irmtraut : Arbeitsrecht, 9ᵉ édition. Zurich 2006.
Beobachter-Ratgeber : Strebel, Dominique : Alles, was Recht ist, 2ᵉ édition. Zurich 2005.
Brunner, Christiane : Commentaire du contrat de travail, 3ᵉ édition. Lausanne 2004.
Favre Moreillon, Marianne : Droit du travail, Aspects juridiques et pratiques, 2ᵉ édition. Bâle 2006.
Glaus, Bruno : Studer, Peter : Kunstrecht. Zurich 2003.
Honsell, Heinrich : Schweizerisches Obligationenrecht, Besonderer Teil, 8ᵉ édition. Berne 2006.
Kahil-Wolff, Bettina : Greber, Pierre-Yves : Sécurité sociale. Genève 2006.
Keiser, Rudolf : DOSSIER Assurances sociales 2007. Bâle 2006.
Locher, Thomas : Grundriss des Sozialversicherungsrechts, 3ᵉ édition. Berne 2003.
okaj zürich (éd.) : Alles was Recht ist, 2ᵉ édition. Zurich 2004.
Rehbinder, Manfred : Schweizerisches Arbeitsrecht, 15ᵉ édition. Berne 2002.
Thévenoz, Luc : Werro, Franz (éd.) : Commentaire Romand, Code des obligations I, Code des obligations art. 1–529, Loi sur le crédit à la consommation, Loi sur les voyages à forfait. Bâle et al. 2003.
Wegener, Poto : Musik und Recht. Schweizer Handbuch für Musikschaffende. Starnberg et Munich 2003.
Une bonne vue d'ensemble des adresses fournissant des réponses aux questions sur les assurances sociales peut être obtenue sur : http ://www.theaterschaffende.ch/freischaffendf.html.
Le site www.ahv.ch présente les lois actuelles, des guides, des aide-mémoire et des formulaires ainsi que des informations sur les accords bilatéraux dans le domaine des assurances sociales.
L'adresse http ://www.gruenden.ch/internet/gruenden/de/tk/sozvers.html présente une bonne vue d'ensemble des règlements sur les assurances sociales.

6 A propos des impôts

Judith Gross

Dans un premier temps, la question des impôts est souvent considérée comme accessoire par un grand nombre d'organisateurs de manifestations. En effet, de nombreuses activités culturelles n'ont pas pour objectifs de créer des revenus ou des bénéfices. Toutefois, des aspects complexes comme la TVA méritent une attention particulière lors de l'organisation de manifestations. Le chapitre 6 fournit des informations sur les dispositions importantes relatives aux impôts directs et à la TVA.

Indépendamment de la taille de la manifestation culturelle projetée ou du domaine et de la nature de l'activité artistique, il est dès le départ important de penser aux conséquences relatives au droit fiscal découlant du projet. La charge fiscale peut ainsi être estimée de manière anticipée. Des impôts inattendus ou non calculés n'auront ainsi pas à être versés rétroactivement auprès du service cantonal des contributions ou de l'Administration fédérale des contributions.

La **TVA** et les **impôts sur le revenu ou sur le bénéfice** doivent être pris en compte prioritairement lors de l'organisation d'un événement culturel.

6.1 TVA et activités culturelles

6.1.1 Qu'est-ce que la TVA?

Aperçu des éléments les plus importants:

- La TVA est un impôt de consommation ordinaire payé par les consommateurs.
- Le taux normal de la TVA se monte à 7,6 pour cent. Un taux réduit est par exemple appliqué pour les denrées alimentaires et les livres.
- Une personne exerçant une activité professionnelle ou commerciale indépendante est obligatoirement assujettie au décompte de la TVA. Une exception à cette règle est faite si le chiffre d'affaires minimum fixé par la législation fiscale n'est pas atteint.
- La TVA d'un produit fini ne dépasse pas 7,6 pour cent grâce à la déduction de l'impôt préalable.

Important:
Pour les nombreux artistes et organisateurs qui n'atteignent pas le chiffre d'affaires annuel minimum fixé par la loi, ce chapitre ne revêt pas une grande importance. Le chiffre d'affaires est l'ensemble des recettes réalisées avec la vente de produits et des services durant une période déterminée.

Remarque:
Pour des questions sur la TVA dans le domaine de la culture, la «brochure n° 22, Culture» publiée en septembre 2000 par l'administration fédérale des contributions est une source d'informations importante. Dans le chapitre «But de la brochure», il est dit: «La présente brochure entend [...] transmettre les informations les plus complètes possibles et les plus pertinentes au regard de la pratique en ce qui concerne ‹la culture et la TVA›. Sont concernés en particulier les artistes, agents, organisateurs de manifestations culturelles, forains, écrivains, compositeurs, producteurs de films,

studios d'enregistrement, artistes-peintres, sculpteurs, artisans, photographes, maisons d'édition, sociétés de gestion, musées et bibliothèques. »

En raison de l'abondance de détails relatifs aux informations fournies, cette publication se limite à présenter une vue d'ensemble du thème traitant de la TVA.

La taxe sur la valeur ajoutée (TVA) est un impôt de consommation ordinaire ou un impôt sur les échanges économiques grevant la consommation de produits et de services dans le pays (art. 1 al. 1 LTVA). Elle doit toujours être payée, indépendamment d'un bénéfice réalisé ou d'une perte subie lors de la transaction. Toute personne désirant être active comme entrepreneur et étant soumise aux impôts doit établir un décompte de son chiffre d'affaires auprès de l'Administration fédérale des contributions (AFC). C'est toutefois le consommateur final qui est tenu de supporter le coût de la TVA.

Devoir d'auto-taxation

Le principe de l'auto-taxation propre au système de la TVA (art. 56 LTVA, art. 46 et suivant LTVA) est un aspect essentiel, mais également problématique pour un grand nombre de personnes concernées. Toute personne active comme entrepreneur est ainsi obligée de vérifier si elle est sujette à l'impôt de forme subjective (voir chap. 6.1.3 : une différence est faite entre l'assujettissement subjectif d'une entreprise – est-ce qu'elle atteint un chiffre d'affaires suffisant ? – et l'assujettissement objectif du chiffre d'affaires – est-il sujet à l'impôt ?). Les indépendants sont de plus tenus de s'informer à propos des dispositions relatives à la loi sur la TVA (LTVA), de s'annoncer auprès de l'AFC pour s'inscrire au registre de la TVA et d'établir les décomptes de la TVA en accord avec les dispositions légales ou avec les directives administratives de l'AFC.

Important:
Les personnes se sentant dépassées par ces obligations administratives (comptabilité, décomptes de la TVA, etc.) et qui souhaitent éviter d'entrer dans les détails peuvent faire appel à un fiduciaire compétent en la matière.

6.1.2 Comment fonctionne la TVA ?

Le **chiffre d'affaires** réalisé sur les biens et les services est soumis à la TVA (art. 5 LTVA). Comme un chiffre d'affaires final (c'est-à-dire une prestation fournie à un consommateur final) résulte en règle générale d'opérations préalables, une imposition de chacun de ces chiffres d'affaires provoquerait une imposition multiple. La déduction de l'impôt préalable mise en place permet d'éviter cette imposition multiple.

Une **déduction de l'impôt préalable** signifie que l'assujetti est tenu de déclarer en tant que chiffre d'affaires le montant total obtenu sur ses opérations imposables lors de son décompte de la TVA. Il doit ensuite (s'il ne s'agit pas d'une opération exonérée d'impôt) décompter les impôts dus s'y rapportant. Sur cet impôt (sur le chiffre d'affaires) dû, l'assujetti peut toutefois déduire en tant qu'impôt préalable la TVA transférée qu'il a versé lors des opérations préalables. Ceci est possible pour autant que cet impôt soit en rapport avec son chiffre d'affaires imposable réalisé en aval (art. 38 al. 1 et suivants LTVA).

Chaque assujetti ne doit ainsi décompter auprès de l'AFC que l'impôt sur la valeur ajoutée qu'il a lui-même engendré.

Exemple:
Un fabricant de meubles construit une armoire.
Il achète le matériel auprès d'un grossiste pour un montant de CHF 1000, plus la TVA de 7,6 pour cent s'y rapportant (= CHF 76). Il paye donc CHF 1076 en tout.
Le fabricant vend l'armoire à un client pour une valeur de CHF 3000, plus la TVA de 7,6 pour cent s'y rapportant (= CHF 228). Le montant total est donc de CHF 3228.
Dans sa déclaration TVA, le fabricant de meubles décompte son chiffre d'affaires brut de CHF 3228 de la forme suivante:
le montant de CHF 228 (la TVA payée par le client lors de l'achat de l'armoire) est désigné comme impôt sur le chiffre d'affaires dans sa déclaration TVA. Sur ce montant, il peut toutefois déduire la somme de CHF 76 (la TVA qu'il a versée au grossiste pour l'achat du matériel) et faire valoir cette dernière comme impôt préalable. Au final, le fabricant de meubles ne verse que CHF 152 au service des impôts.

6.1.3 Qui peut être assujetti subjectivement à la TVA?

En accord avec l'article 21 al. 1 de la LTVA, toute personne qui remplit les critères suivants peut être assujettie à la TVA de manière subjective:

- Elle ou lui exerce une activité indépendante.
- Elle ou lui exerce une activité professionnelle ou commerciale.
- Elle ou lui souhaite engendrer des recettes.

La forme organisationnelle ne joue pas de rôle dans ce cas. Il peut s'agir par exemple d'entrepreneurs à la tête de raisons individuelles, de sociétés de personnes (comme des sociétés simples), des personnes juridiques (par exemple des sociétés anonymes), des associations ou des organisateurs de manifestations ou de fêtes destinées au public.

Il est à noter que seules les **personnes exerçant une activité indépendante** sont considérées comme assujettis autonomes en matière de TVA. Dans certaines situations particulières, ce n'est pas uniquement la nature juridique de la relation contractuelle entre les parties qui détermine si une activité est indépendante ou de dépendante, mais principalement les données économiques la présence au marché : une personne est

indépendante lorsqu'elle entretient une activité économique selon une forme d'organisation librement choisie et qu'elle supporte elle-même les risques liés à l'entreprise en matière de capital et de travail.
Remarque:
L'administration des contributions prend une décision autonome pour déterminer si une activité est indépendante ou dépendante. Elle ne prend pas en compte la décision du service de l'AVS sur le même cas.

Important:

Imposition en fonction du chiffre d'affaires

Un assujettissement subjectif à la TVA est prévu pour les entrepreneurs ou les entreprises dont le chiffre d'affaires franchit la limite des CHF 250 000 par année. Il est également appliqué lorsque le chiffre d'affaires annuel se situe entre CHF 75 000 et CHF 250 000 et que l'impôt restant qui aurait dû être versé après déduction de l'impôt préalable est supérieur à CHF 4000 (art. 21 al. 1 LTVA, art. 25 al. 1 let. a LTVA). Un assujettissement subjectif est de plus mis en place dans le cas de services fournis par des entreprises dont le siège se trouve à l'étranger et dont la valeur dépasse les CHF 10 000 par année, avec des prestations publicitaires par exemple (art. 24 LTVA, art. 10 LTVA, art. 25 al. 1 let. c LTVA).
Les entrepreneurs ou les entreprises qui ne dépassent pas ces limites mais qui atteignent un chiffre d'affaires annuel imposable supérieur à CHF 40 000 ont la possibilité d'opter pour l'assujettissement (subjectif). Ils peuvent ainsi s'inscrire à titre volontaire au registre de la TVA (art. 27 LTVA), notamment pour des raisons de concurrence. Pour le début et la fin de l'assujettissement à la TVA, voir les articles 28 et 29 de la LTVA.

Des règles particulières sont appliquées en matière d'assujettissement subjectif pour les institutions reconnues d'utilité publique (voir art. 25 al. 1 let. d LTVA).

6.1.4 Dans quels cas la TVA doit-elle être payée?

L'article 5 de la LTVA indique que les opérations suivantes sont imposables:

- les livraisons de biens faites à titre onéreux sur le territoire suisse (la vente ou la location d'appareils d'éclairage par exemple),
- les prestations de services fournies à titre onéreux sur le territoire suisse (des prestations publicitaires, la location de personnel ou les services de restauration par exemple),
- les prestations à soi-même effectuées sur le territoire suisse (l'utilisation à titre privé d'un véhicule d'entreprise par exemple),
- l'acquisition à titre onéreux de prestations de services provenant d'entreprises ayant leur siège à l'étranger, pour autant que le montant annuel dépasse les CHF 10 000.

Lors d'opérations d'échange, les prestations échangées valent également comme prestations à titre onéreux. Dans ce cas, deux opérations sont prises en considération. La valeur de la contre-prestation sert de rémunération pour la prestation échangée (art. 33 al. 4 LTVA).
Exemple:
Un entrepreneur met à disposition d'une organisatrice de concert durant une semaine des palissades pour interdire l'accès à la scène. En échange, l'organisatrice offre un espace publicitaire dans le programme de la manifestation.
1. Chiffre d'affaires de l'entrepreneur : mise à disposition des palissades : le montant que l'organisatrice aurait facturé pour l'annonce publicitaire dans le programme représente le paiement.
2. Chiffre d'affaires de l'organisatrice : publication de l'annonce : le montant de la location qui aurait été facturé pour la mise à disposition des palissades représente le paiement.

Il est important de savoir que seules les opérations réalisées sur le territoire national sont soumises à la TVA. Cela signifie que seuls les biens livrés ou les services fournis sur le territoire suisse sont imposables. Le lieu de livraison est réglé par l'article 13 de la LTVA ; le lieu de la prestation de services est déterminé par l'article 14 de la LTVA.

Seules les opérations réalisées sur le territoire national sont imposables

Exemples:
Un menuisier établi en Belgique construit un décor de scène dans un théâtre suisse : le lieu de la livraison est la Suisse (art. 13 let. a LTVA). Le menuisier doit payer la TVA sur son chiffre d'affaires en Suisse (pour autant qu'il soit assujetti subjectivement en Suisse en raison de son chiffre d'affaires total).
Une troupe de théâtre suisse loue une salle de répétition en Allemagne : le lieu de la prestation de service est l'Allemagne (art. 13 let. a LTVA). Elle n'est donc pas imposable en Suisse.
Une chanteuse française réalise un concert en Suisse : le lieu de la prestation de service est la Suisse (art. 14 al. 2 let. d LTVA).
Une traductrice établie en Suisse traduit un article pour une revue dont le siège est en Suède (mandant) : le lieu de la prestation de service est la Suède (art. 14 al. 3 let. c LTVA). Cette opération n'est pas imposable en Suisse.

Les biens acquis à l'étranger sont soumis à la TVA sous forme d'**impôt sur l'importation de biens**, selon les articles 72 et suivants de la LTVA. Cet impôt est perçu par l'Administration fédérale des douanes. L'article 74 ch. 4 de la LTVA est particulièrement intéressant pour l'organisation de manifestations culturelles. Il détermine que, en respectant certaines conditions, l'importation d'œuvres d'art est franche d'impôt.

La TVA doit donc également être payée sur certaines opérations réalisées dans le domaine culturel. L'article 18 de la LTVA exclut toutefois expressément certaines opérations du champ de l'impôt. Dans le domaine de la culture on peut citer

- les prestations culturelles fournies directement au public, comme les représentations théâtrales ou autres (art. 18 ch. 14 LTVA),
- les prestations culturelles fournies par leur créateur, écrivain, compositeur ou éditeur par exemple (art. 18 ch. 16 LTVA),
- les prestations que des organismes sans but lucratif, poursuivant des objectifs culturels entre autres, fournissent à leurs membres, moyennant une cotisation fixée statutairement (art. 18 ch. 13 LTVA), ou
- la mise à disposition d'immeubles ou de locaux, à l'exception entre autres de la location de places de parc ou d'opérations dans le domaine de l'hôtellerie ou de la restauration (art. 18 ch. 21 LTVA).

En accord avec l'article 26 de la LTVA et en respectant certaines conditions, des opérations exclues du champ de l'impôt peuvent être assujetties à titre volontaire (option objective), autorisant ainsi la déduction de l'impôt préalable.

6.1.5 Comment se calcule la TVA?

Il existe deux manières de calculer la TVA : la méthode du taux de la dette fiscale nette et la méthode effective. Dans le premier cas, on multiplie le chiffre d'affaire brut imposable par le taux de la dette fiscale nette fixé par l'AFC pour le domaine concerné; une déduction de l'impôt préalable n'est pas possible.

Pour la méthode effective (la seule traitée dans les paragraphes suivant de ce chapitre 6.1.5), la TVA est déterminée en premier lieu par le chiffre d'affaires imposable de l'entreprise (réalisé en aval), le bénéfice de ses services réalisés à l'étranger et les prestations à soi-même. Le montant du chiffre d'affaires est fixé par les livraisons et les prestations de services moyennant des contre-prestations (art. 33 al. 1 LTVA). Tout ce que le destinataire, ou un tiers à sa place, dépense en contrepartie de la livraison de biens ou de la prestation de services est considéré comme une contre-prestation. Les subventions et les dons reçus de la part de privés ou d'entreprises ne sont pas assujettis en tant que contre-prestations. Cette règle n'est toutefois valable que si ces montants sont des **dons véritables** et qu'ils ne représentent pas une **contre-prestation (sponsoring)** pour un service (publicité par exemple) soumis à l'impôt. A ce propos, il faut observer l'article 33a de la LTVA qui différencie les contributions sous forme de sponsoring et les dons dans les cas d'aides apportées aux organisations d'utilité publique.

Si le chiffre d'affaires total imposable est atteint, la TVA est alors perçue en accord avec le taux d'imposition applicable. Le taux de base pour l'imposition est de 7,6 pour cent. Dans certaines situations, un taux réduit de 2,4 pour cent (denrées alimentaires ou livres par exemple) ou un taux spécial de 3,6 pour cent (prestations du secteur de l'hébergement) est appliqué (art. 36 al. 1 LTVA). Les prestations de services culturelles au regard desquelles on a opté pour un assujettissement (voir chap. 6.1.4) sont décomptées selon le taux réduit (art. 18 ch. 14 à 16 LTVA).

Pour prouver la déductibilité des impôts préalables (selon art. 38 al. 1 let. a LTVA), une facture conforme aux droits sur la TVA (art. 37 LTVA) doit être fournie. Elle doit comporter les indications suivantes:

- le nom, l'adresse et le numéro de TVA de l'assujetti ou l'assujettie fournissant la prestation,
- le nom et l'adresse de l'acquéreur ou l'acquéreuse de la prestation,
- le genre, l'objet et le volume de la prestation,
- la date ou la période de la prestation,
- le montant de la contre-prestation et
- le taux d'imposition (effectif) et le montant de l'impôt dû sur la contre-prestation.

Important:
Celui qui reçoit des dons ou des subventions doit réduire la déduction de l'impôt préalable. Le principe de l'impôt préalable (selon l'art. 38 al. 2 LTVA) ne peut être appliqué que dans la mesure ou les prestations fournies sont imposables. Les dons et les subventions n'étant pas soumis à la TVA, la charge fiscale sur les prestations préalables doit être réduite (art. 38 al. 8 LTVA).

6.1.6 Assujettissement à la TVA – comment procéder?

Chaque personne assujettie subjectivement à la TVA ou qui souhaite se soumettre à titre volontaire à la TVA doit s'annoncer auprès de l'AFC pour s'inscrire au registre de la TVA (art. 56 LTVA). Le premier contact peut être établi par téléphone, par courrier, par fax ou en ligne sur le site Internet de l'AFC. (www.estv.admin.ch)

Pour éviter les erreurs d'évaluation et les conséquences qui les accompagnent, il est conseillé de fournir à l'AFC des informations complètes sur l'activité de l'entreprise. Un numéro de TVA est attribué aux assujettis, et l'AFC les informe sur les possibilités de décompte de la TVA.

6.1.7 Quelles obligations les assujettis doivent-ils remplir?

Avec la mise en place de l'auto-taxation pour la TVA, le législateur a confié des tâches variées à de nombreuses personnes en matière de gestion d'entreprise. De ce fait, un examen attentif du régime de la TVA est nécessaire. Les publications de l'AFC fournissent une aide appréciable. Cet organe est également à disposition pour répondre aux questions posées par téléphone ou par écrit. Les personnes ne désirant pas ou n'étant pas en condition de fournir les efforts nécessaires à cette tâche peuvent faire appel à un professionnel pour les seconder, comme déjà signalé dans l'introduction de ce chapitre.

Les assujettis inscrits dans le registre de la TVA doivent:
- déclarer le chiffre d'affaires de leur entreprise,
- régler leur dette fiscale,
- tenir en bonne et due forme la comptabilité de leur entreprise et
- fournir les renseignements nécessaires à l'AFC.

Important:
Si un entrepreneur n'arrive pas à faire face à ses obligations en matière de déclarations et de décomptes ou si seul une partie voire aucun document n'est fourni, l'AFC a le droit et l'obligation d'estimer le montant redevable de la TVA.
Dans le cas où la TVA, les intérêts, les frais et les amendes ne sont pas payés, l'AFC se réserve le droit d'ouvrir des poursuites. A cet effet, la disposition sur la responsabilité solidaire revêt une importance déterminante (art. 32 LTVA). Celle-ci indique que les associés d'une société simple, d'une société en nom collectif ou d'une société en commandite répondent, dans le cadre défini par le droit civil, de manière solidaire au nom de la société assujettie. Ils sont donc tous tenus de régler les paiements (art. 32 al. 1 let. a LTVA).

La soustraction et la mise en péril de l'impôt effectué de manière intentionnelle ou par négligence (par exemple pour avoir omis d'annoncer une personne assujettie ou pour non remise des décomptes) sont soumises à des sanctions.

6.1.8 Où peut-on obtenir des informations supplémentaires ?

Les publications, les formulaires, les lois et des informations supplémentaires sont disponibles sur le site Internet de l'Administration fédérale des contributions, sous le titre « Taxe sur la valeur ajoutée ». Des informations complémentaires individuelles peuvent être obtenues auprès de l'Administration fédérale des contributions, division principale de la taxe sur la valeur ajoutée, Schwarztorstrasse 50, 3003 Berne. Les numéros de téléphone et de fax actuels sont disponibles sur le site Internet de l'AFC. E-mail : mwst.webteam@estv.admin.ch

Les publications de l'AFC peuvent aussi être téléchargées via Internet à l'adresse www.estv.admin.ch, ou sollicitées par écrit auprès de l'Office fédéral des constructions et de la logistique (OFCL), Vertrieb Publikationen, Drucksachen Mehrwertsteuer, 3003 Berne.

Pour des questions relatives à l'importation de biens, l'Administration fédérale des douanes fournit les renseignements nécessaires. Les adresses de contact et des informations ultérieures sont disponibles sur le site Internet de l'AFD (www.ezv.admin.ch).

6.2 Impôts directs et activités culturelles

Les **impôts directs** revêtent, aux côtés de la TVA, une importance particulière dans le domaine culturel. Parmi les impôts directs les plus importants, on trouve:

- les impôts sur le revenu et sur le bénéfice,
- les impôts sur la fortune ou sur le capital.

Pour les impôts directs courants, le type d'impôt devant être perçu est déterminé en premier lieu par le sujet fiscal. Un sujet fiscal peut être:

1. une **personne physique** (par exemple un employé ou un entrepreneur autonome). Pour les personnes physiques, le revenu et la fortune sont imposés;
2. une **personne juridique** (sociétés de capitaux, sociétés coopératives ou associations et fondations). Les personnes juridiques sont soumises à l'impôt sur le bénéfice et à l'impôt sur le capital.

Remarque:
Une société simple, crée par exemple pour l'organisation de manifestations culturelles, n'est pas considérée comme une personne juridique. Elle n'est ainsi pas soumise de manière autonome aux impôts sur le bénéfice et sur le capital. Ce sont le revenu et la fortune de chaque membre de la société qui sont taxés.

Alors que l'impôt sur la fortune ou sur le capital n'est perçu que par les communes et les cantons, l'impôt sur le revenu ou sur le bénéfice est également perçu par la Confédération : l'évaluation de ce dernier est toutefois effectuée par les cantons.

Mis à part la Loi fédérale sur l'impôt fédéral direct (LIFD), c'est le droit des cantons et (en partie) des communes qui déterminent si un impôt doit être payé, ainsi que son montant le cas échéant.

6.2.1 Comment l'imposition sur le revenu et sur la fortune des personnes physiques est-elle réglementée ?

Les sujets soumis à l'impôt sur le revenu et sur la fortune sont des personnes physiques, et cela indépendamment du fait qu'elles occupent une activité professionnelle autonome ou non (art. 16 et suivants LIFD). Une personne employée (une actrice ou un technicien de scène travaillant dans un théâtre comme salarié par exemple) est assujettie à l'impôt sur le revenu et la fortune de la même manière qu'un entrepreneur indépendant (un pianiste qui organise ses concerts de manière autonome par exemple).

Seules les personnes assujetties en Suisse, dans le canton respectif et la commune respective, sont tenues de payer un impôt sur le revenu et la fortune. Une différence est ici faite entre un assujettissement fiscal illimité ou limité:

L'**assujettissement fiscal illimité** est déterminé par le lieu de domicile ou un séjour d'au moins de 30 jours de la personne (art. 3 LIFD). Dans ce cas, une personne assujettie doit en principe déclarer en Suisse, dans le canton et dans la commune la totalité de ses revenus acquis dans le monde entier (art. 6 al. 1 LIFD). Les revenus provenant d'entreprises, d'établissements stables ou d'immeubles localisés à l'étranger font toutefois exception à cette règle.

L'**assujettissement fiscal limité** est appliqué par exemple lorsqu'une personne est propriétaire d'un immeuble, associée ou propriétaire d'une entreprise ou qu'elle exploite un établissement stable en Suisse (art. 4 LIFD, voir également art. 5 LIFD). Dans ce cas, seuls les revenus acquis dans le cadre de l'activité sont soumis à l'impôt (art. 6 al. 2 LIFD).

6.2.2 Impôt sur le revenu des personnes physiques

La totalité des revenus imposables d'une personne est soumise à l'impôt sur le revenu. Des revenus exceptionnels comme un héritage ou une donation (art. 24 LIFD) et les gains en capital privés (art. 16 al. 3 LIFD) ne sont (en principe) pas soumis à l'impôt sur le revenu. Sont par contre imposables:

Les revenus provenant d'une activité lucrative, que celle-ci soit exercée de manière dépendante ou autonome et qu'elle représente une activité principale ou accessoire (au contraire des revenus provenant de la gestion des biens privés, art. 17 LIFD, art. 18 LIFD).

Les **revenus de la fortune** provenant des biens (privés) mobiliers (comme les intérêts ou les dividendes, art. 20 LIFD) et des biens immobiliers (comme la location, art. 21 LIFD).

En règle générale, le montant de l'impôt sur le revenu se calcule de la manière suivante:

- Pour l'impôt fédéral direct, en multipliant le revenu imposable établi par un taux d'imposition progressif (= impôt cantonal simple).
- Pour les impôts cantonaux et communaux directs, en multipliant l'impôt cantonal simple établi par les coefficients cantonaux ou communaux respectifs.

6.2.3 Impôt sur la fortune des personnes physiques

En plus de l'impôt sur le revenu, les cantons et les communes perçoivent un impôt sur la fortune (art. 13 et suivants LHID). Les éléments pris en compte pour cet impôt sont la fortune privée et la fortune commerciale. Pour l'impôt sur la fortune, le revenu produit par un bien quelconque comme un patrimoine immobilier ou un papier-valeur ne fait pas de différence (un loyer ou des dividendes par exemple). Mis à part les objets, les biens en capitaux et les droits subjectifs sont inclus dans la fortune, pour autant qu'ils possèdent une valeur réalisable.

La base de calcul de l'impôt sur la fortune est la fortune nette, c'est-à-dire les actifs après déduction des exigibilités (art. 13 al. 1 LHID).

En règle générale, le montant de l'impôt sur la fortune se calcule de la manière suivante:

comme pour l'impôt sur le revenu, la fortune nette établie (après déduction d'un montant exonéré d'impôts) est d'abord multipliée par un taux d'imposition progressif déterminé puis par les coefficients cantonaux ou communaux respectifs.

6.2.4 Comment l'imposition à la source de personnes physiques est-elle réglementée ?

Certains groupes de personnes sont soumis à l'**imposition à la source**, en lieu et place de l'impôt sur le revenu et la fortune (art. 83 et suivants LIFD, art. 32 et suivants LHID).

Qui est soumis à l'impôt à la source ?

Trois groupes de personnes sont principalement concernés par cette disposition:

- Les salariés étrangers domiciliés en Suisse au regard du droit fiscal (art. 83 LIFD, assujettis illimités), pour autant que leur revenu brut ne dépasse pas une certaine somme.
- Les personnes qui, sans être domiciliées ni en séjour en Suisse, y exercent une activité lucrative dépendante auprès d'un employeur dont le siège ou l'établissement stable se trouve en Suisse (art. 91 LIFD, assujettis limités).
- Les artistes, sportifs, et conférenciers (art. 92 LIFD) ou les administrateurs (art. 93 LIFD) domiciliés à l'étranger, pour autant qu'ils travaillent en Suisse.

Pour les artistes, les sportifs et les conférenciers, la charge fiscale de l'impôt fédéral direct se situe actuellement dans une fourchette allant de 0,8 pour cent (pour des recettes journalières jusqu'à CHF 200) à 7 pour cent (pour des recettes journalières jusqu'à CHF 3000) des recettes brutes. Pour les administrateurs, ce taux s'élève à 5 pour cent. Lorsqu'une convention de double imposition existe entre la Suisse et le pays de domicile de la personne imposée à la source, des règles spécifiques peuvent être appliquées.

Contrairement à l'impôt sur le revenu et la fortune les personnes taxées à la source ne sont pas tenues de remplir une déclaration ni de verser le montant des impôts fixés auprès des autorités compétentes. C'est ici l'employeur qui se trouve dans l'obligation de décompter correctement les impôts dus, de les retenir sur le salaire et de les verser ensuite à l'AFC.

6.2.5 Comment l'imposition sur le bénéfice et le capital des personnes juridiques est-elle réglementée?

Les personnes juridiques assujetties de façon limitée ou illimitée en Suisse, dans le canton respectif et dans la commune respective, sont soumises à l'impôt sur le bénéfice et le capital (art. 49 et suivants LIFD, art. 20 et suivants LHID).

En principe, le domicile fiscal principal d'une personne juridique (entraînant un assujettissement fiscal illimité) est déterminé par le siège statutaire ou le lieu de l'administration de l'entreprise. Les établissements stables, les participations à la gestion d'entreprises ou de biens fonciers etc. sont des domiciles fiscaux secondaires déterminant un assujettissement fiscal limité.

Les personnes juridiques qui poursuivent des buts de service public ou d'utilité publique sont exonérées de l'impôt (art. 56 let. g LIFD). Si une personne juridique n'est reconnue que partiellement comme étant d'utilité publique, l'autre partie étant à but commercial, une exonération partielle est alors accordée.

Dans le cas d'un assujettissement illimité, l'ensemble du produit (net) est soumis à l'impôt sur le bénéfice en Suisse, dans le canton et dans la commune (art. 52 al. 1 LIFD).

Si un assujettissement limité est appliqué, l'imposition est restreinte au bénéfice réalisé en Suisse, dans lecanton et la commune (art. 52 al. 2 LIFD).

A l'heure actuelle, la Confédération perçoit un impôt proportionnel sur le bénéfice de 8,5 pour cent auprès des sociétés de capitaux et des sociétés coopératives (art. 68 LIFD), et de 4,25 pour cent auprès des associations et des fondations (art. 71 al. 1 LIFD).

Alors que certains cantons perçoivent également un impôt proportionnel sur le bénéfice, d'autres cantons appliquent un taux progressif.

Remarque:
Le montant des cotisations versées par les membres d'une association ne fait pas partie du bénéfice imposable (art. 66 al. 1 LIFD).

Impôt sur le capital de personnes juridiques

En plus de l'impôt sur le bénéfice, les cantons et les communes perçoivent un impôt sur le capital (art. 29 et suivants LHID). Dans le cas de **sociétés de capitaux et de sociétés coopératives**, le capital propre imposable comprend essentiellement le capital-actions et les réserves ouvertes (art. 29 al. 2 let. a et let. b LHID).

Pour les **associations et les fondations**, l'impôt est calculé sur la fortune nette, déterminé en conformité avec les dispositions applicables aux personnes physiques (art. 29 al. 2 let. c LHID).

Pratiquement tous les cantons (et par extension toutes les communes) déterminent l'impôt selon un taux proportionnel se situant entre 0,3 et 7 pour cent, multiplié par le coefficient propre à chaque canton ou à chaque commune.

6.2.6 Où puis-je obtenir des informations supplémentaires ?

Les informations nécessaires concernant l'AFC, les publications, les formulaires, les lois et les thèmes actuels sont disponibles sur le site Internet de l'Administration fédérale des contributions, département DAT, à la page www.estv.admin.ch.

Des informations individuelles sur l'impôt fédéral direct peuvent être obtenues auprès de l'Administration fédérale des contributions, Division principale Impôt fédéral direct, Impôt anticipé, Droits de timbre, Eigerstrasse 65, 3003 Berne. Les numéros de téléphone et de fax actuels sont disponibles sur le site Internet de l'AFC. E-mail : dvs@estv.admin.ch

Des informations individuelles sur les impôts cantonaux directs peuvent être obtenues auprès de chaque service cantonal des contributions. Des informations générales offrant une bonne vue d'ensemble sur les droits fiscaux respectifs sont en principe disponibles sur les pages Internet des cantons. Enfin, les administrations communales répondent aux questions relatives au droit en vigueur.

6.3 Textes de référence

Sources juridiques :

Loi fédérale régissant la taxe sur la valeur ajoutée du 2 septembre 1999, état le 20 septembre 2005 (Loi sur la TVA, LTVA, RS 641.20).

Ordonnance du 29 mars 2000 relative à la loi fédérale régissant la taxe sur la valeur ajoutée, état le 20 juin 2006 (OLTVA, RS 641.201).

Loi fédérale du 14 décembre 1990 sur l'impôt fédéral direct, état le 18 avril 2006 (LIFD, RS 642.11).

Loi fédérale sur l'harmonisation des impôts directs des cantons et des communes du 14 décembre 1990, état le 18 avril 2006 (Loi sur l'harmonisation des impôts directs, LHID, RS 642.14).

Autres ouvrages :

Agner, Peter : Jung, Beat : Steinmann, Gotthard : Kommentar zum Gesetz über die direkte Bundessteuer. Zürich 1995 (Ergänzungsband 2000).

Camenzind, Alois : Honauer, Niklaus : Vallender, Klaus A. : Handbuch zum Mehrwertsteuergesetz, 2e édition. Bern 2003.

Höhn, Ernst : Waldburger, Robert : Steuerrecht Band 1 : Grundlagen – Grundbegriffe – Steuerarten und Band 2 : Steuern bei Vermögen, Erwerbstätigkeit, Unternehmen, Vorsorge, Versicherung, 9e édition. Bern 2002.

Metzger, Dieter : Kurzkommentar zum Mehrwertsteuergesetz. Muri 2000.

Oberson, Xavier : Droit fiscal suisse, 3e édition. Genève 2007.

7 A propos des droits d’auteur

Raik Mickler

Dans le domaine culturel, le droit d’auteur revêt une importance particulière. Il protège l’auteur d’une œuvre artistique et réglemente l’emploi ou l’utilisation de celle-ci. Le chapitare 7 explique quelles œuvres sont protégées, ce qu’est un auteur et ses droits, quelle est la durée de protection d’une œuvre et quel est le rôle des sociétés de gestion.

7.1 Qu'est-ce que la protection des droits d'auteur?

Les droits d'auteur servent d'une part à assurer les droits des artistes sur leurs œuvres, et de l'autre à fixer les conditions d'utilisation d'une œuvre par un organisateur à l'occasion d'une activité culturelle. Les droits d'auteur doivent d'un côté protéger les créations artistiques d'un auteur contre une utilisation abusive par des tiers, afin qu'une «création originale» puisse rester «propriété» d'une seule personne. De l'autre, les droits d'auteur doivent également déterminer les règles d'utilisation et de multiplication d'une création originale.

7.2 Objets protégés

Différents types d'œuvres sont protégés par les droits d'auteur:

- les œuvres littéraires, dramatiques ou scientifiques
- les œuvres musicales, les opéras, les chorégraphies
- les tableaux (la peinture, les œuvres graphiques), les sculptures, les œuvres plastiques
- les dessins techniques, les plans ou les cartes
- les œuvres architecturales
- les œuvres des arts appliqués (décors de scène, créations de mode ou meubles par exemple)
- les œuvres photographiques et cinématographiques (les arrêts sur image également)
- les pièces radiophoniques
- les programmes d'ordinateur (logiciels), les animations numériques, les montages vidéo et les présentations sur Internet

La loi protège ainsi les œuvres d'auteurs et les performances interprétées par des artistes, mais également les productions audio ou audiovisuelles et les organismes de diffusion.

La «Loi fédérale sur les droits d'auteur et les droits voisins» (Loi sur le droit d'auteur, LDA) octroie des droits propres aux différents artistes et réglemente les activités des sociétés de gestion décrites plus loin dans ce chapitre.

Il faut toutefois noter que les droits d'auteur ne s'appliquent pas à tous les processus de création, mais uniquement à des œuvres créées dans un esprit individuel. L'objet et le domaine des droits d'auteur, la position de l'auteur, les sociétés de gestion (partenaires important de l'organisateur) et la protection des droits d'auteur sont définis dans la loi sur le droit d'auteur. Dans l'«Ordonnance sur le droit d'auteur et les droits voisins» complétant la loi, ce sont en particulier la protection des programmes informatiques et les compétences de la commission arbitrale fédérale pour la gestion des droits d'auteur qui sont réglementées.

7.3 Qu'est-ce qu'un auteur ?

L'auteur est la personne physique ayant réalisé l'œuvre protégée en question. En tant que personne juridique, une Sàrl ne peut par exemple pas être auteur d'une œuvre.

7.4 Les personnes concernées par les droits d'auteur

Catégories de personnes	Auteur	Artiste interprète	Producteur ou productrice d'œuvre audio ou audiovisuelle	Organisme de diffusion
Activité	Création d'une œuvre	Interprétation ou participation à l'interprétation d'une œuvre	Reproduction ou diffusion d'enregistrements	Diffusion d'une œuvre ou d'un enregistrement sur supports audio, audiovisuels ou de données
Base légale dans la LDA	Art. 6	Art. 33, 34	Art. 36	Art. 37

Lorsque plusieurs personnes ont agi collectivement pour la création d'une œuvre, chacune d'elle est considérée comme coauteur.
Remarque:
Lorsqu'à l'occasion d'une manifestation les coauteurs sont impliqués collectivement ou individuellement dans la présentation de l'œuvre, il faut s'assurer que tous les coauteurs de l'œuvre ont donné leur accord pour sa reproduction. L'accord nécessaire ne peut toutefois pas être refusé sans fondement par les autres coauteurs.
Pensez-vous engager seulement une partie d'un groupe de coauteurs pour votre manifestation ? Dans ce cas, suggérez aux artistes engagés d'obtenir une autorisation écrite de la part des autres coauteurs, permettant une

utilisation de l'œuvre à l'occasion de votre manifestation. De cette manière, vous pourrez par exemple verser individuellement des honoraires aux coauteurs.

Important:
Renseignez-vous pour savoir s'il est possible, dans le cadre d'une œuvre globale, de séparer les apports de chaque coauteur. De cette manière, vous pourrez négocier avec chaque coauteur l'utilisation de la partie de l'œuvre lui appartenant. Pour cela, il faut s'assurer que l'utilisation partielle ne nuit pas à l'œuvre complète et que les coauteurs n'ont pas fixé entre eux des accords différents.

7.5 Comment se définit l'«utilisation» d'une œuvre?

L'«utilisation» est le droit d'utiliser à des fins diverses l'œuvre créée: reproduction d'une œuvre sur des imprimés, production de supports audio, audiovisuels ou de données, établissement de copies ou de répliques, proposition ou vente de l'œuvre ou d'une copie de celle-ci par exemple. La représentation (par exemple sur une scène) ou la diffusion d'une œuvre (par exemple à la radio, à la télévision ou sur Internet) constitue également une utilisation de celle-ci.

7.5.1 A qui doit-on s'adresser pour savoir si une œuvre peut être divulguée ou utilisée?

En accord avec l'article 10 de la LDA, l'auteur possède le droit exclusif de déterminer quelle sera la première utilisation de l'œuvre. Cela signifie qu'il est seul à décider si, quand et de quelle manière son œuvre sera divulguée pour la première fois et si et comment l'œuvre sera utilisée. La manière de divulguer l'œuvre dépend de la nature de celle-ci. Il n'est pas obligatoire de la présenter devant un public de personnes. Une composition peut par exemple être rendue publique sous forme de concert, mais également de CD ou de présentation en discothèque.

Remarque:
Si vous désirez utiliser une œuvre, vous devez obtenir de la part de l'auteur un droit d'utilisation (autorisation). La loi ne prévoit pas de prescriptions contractuelles pour l'établissement d'un contrat d'utilisation entre l'auteur et l'utilisateur de l'œuvre. Les accords contractuels entre l'auteur et l'utilisateur devraient toutefois être conclus par écrit. Il est conseillé d'y indiquer les droits et les obligations essentiels relatifs à l'utilisation de l'œuvre, et en particulier la participation aux gains pour l'auteur.

Que prévoit le droit d'auteur ?

Dans un cadre privé comme un groupe d'amis, dans une salle de classe pour l'enseignement ou à des fins d'information interne ou de documentation, une œuvre déjà divulguée (à l'exception des logiciels informatiques) peut être utilisée à tout moment et sans autorisation de l'auteur. Ce droit stipulé dans l'article 19 I LDA 1 n'est valable que pour les œuvres déjà divulguées. Il représente une des limites les plus claires en matière de droit d'auteur pour une utilisation en privé. D'autres restrictions sont citées dans les articles 19 à 28 LDA. Les limites les plus importantes seront présentées plus loin.

Remarque:

Il n'est pas nécessaire d'obtenir une autorisation lorsque l'on utilise le contenu d'une œuvre exclusivement pour une parodie. Le contenu de l'œuvre peut être ici « adapté » sans l'autorisation de l'auteur (art. 11 al. 3 LDA). L'utilisation est toutefois limitée si une modification de l'œuvre nuit à la personnalité de son auteur (art. 11 al. 2 LDA).

L'auteur peut transmettre l'entier ou une partie de ses **droits d'utilisation** (uniquement le droit d'exécution ou le droit d'édition par exemple) à une autre personne ou à une société, de manière totale ou partielle. Si la transmission de l'œuvre est totale, les droits d'utilisation reviennent entièrement à la personne ou à la société qui les a acquis. Dans le cas d'une transmission partielle, l'autorisation de l'auteur est nécessaire pour toute utilisation sortant de l'accord. Une transmission des droits d'utilisation limitée dans le temps est également possible. Les **droits moraux de l'auteur** (la première divulgation, la mention de l'auteur ou l'intégrité de l'œuvre selon art. 11 LDA par exemple) ne peuvent pas être transmis.

Exemple:

L'auteur d'un roman transmet à son éditeur le droit de publier le roman sous forme de livre (droit d'édition, réglementé par le Code des obligations (CO) art. 380 à 393). Un producteur aurait besoin de l'accord de l'auteur pour la réalisation d'un film basé sur le roman, une adaptation cinématographique de l'œuvre se rapportant à un autre droit propre à l'auteur. L'autorisation donnée par l'auteur pour la publication de son roman ne comprend pas l'autorisation d'en faire un film.

Remarque:

Prenez note que le droit d'auteur peut également être transmis à d'autres personnes par voie d'héritage.

7.5.2 Que faut-il observer avec l'« adaptation » d'une œuvre, avec une « œuvre dérivée » ou avec une « citation » ?

Adaptation : En principe, seul l'auteur est en droit de modifier son œuvre. Il décide du moment et de l'étendue de l'adaptation. Des petites modifications, suppressions ou compléments sont déjà considérés comme des adaptations. Toutefois, un auteur a la possibilité de consentir ce droit à un tiers.

Pour la création de parodies ou d'imitations analogues se rapportant à l'œuvre existante, un accord de la part de l'auteur n'est pas nécessaire. La création d'œuvres de ce type est possible en tout temps. Elles sont protégées en tant qu'œuvres originales par l'article 11 alinéa 3 de la LDA.

Œuvre dérivée : une œuvre dérivée est une création basée sur une œuvre déjà existante, cette dernière étant nettement reconnaissable dans la nouvelle création.

Exemple:
Les traductions ou les adaptations cinématographiques sont clairement des œuvres dérivées. Des situations limites apparaissent occasionnellement dans le domaine des arts plastiques et de la photographie, lorsque des œuvres existantes sont reproduites visuellement sous une forme modifiée quelconque.

Pour l'utilisation d'une œuvre dérivée après la conclusion de son processus de création, l'accord des deux auteurs doit être obtenu.

Exemple:
Un musée vous charge de compléter de manière substantielle un texte existant issu d'un vieux catalogue d'exposition. L'auteur de l'ancien texte n'est plus employé au musée. Si le musée et le premier auteur n'ont pas établi de règles sur la transmission du droit d'auteur pour les textes en question (ce qui devrait en principe être le cas), ce n'est qu'avec l'approbation de l'auteur que vous pourrez utiliser le catalogue original pour l'exécution de votre travail. Après avoir obtenu le consentement de l'auteur, votre travail incluant les compléments est considéré comme une œuvre dérivée bénéficiant d'une protection propre, en accord avec l'article 3 alinéa 3 de la LDA.

Citation : Dans le cas d'une citation, on utilise simplement une œuvre créée par autrui pour apporter un commentaire ou une illustration à sa propre œuvre. En principe, ceci peut être fait sans l'approbation de l'auteur. Toutefois, l'utilisation de citations est soumise à des conditions strictes. La taille de la citation en particulier doit correspondre proportionnellement à l'œuvre complète. Pour des œuvres restreintes, les citations courtes sont possibles, et inversement. Dans un roman, il est par exemple

possible d'intégrer une citation sous la forme d'une œuvre complète plus courte (comme une poésie). La citation doit être indiquée (entre guillemets) et la source (auteur) doit être mentionnée. En accord avec la loi sur le droit d'auteur (art. 68), l'omission intentionnelle de la source peut être punie par une amende. Pour les citations musicales, il n'est pas nécessaire de citer la source et l'auteur.
Exemple:
La reproduction d'un texte limité dans sa taille (quelques lignes seulement) provenant d'une autre œuvre et apposé en pied de page est un exemple typique de citation.
Une courte reproduction sonore tirée des plus grandes œuvres d'une musicienne et intégrée dans une présentation de sa carrière artistique est également possible.

Important:
Le caractère d'une citation implique obligatoirement que l'œuvre citée ait déjà été divulguée. La divulgation sous forme de citation d'une poésie n'ayant pas encore été publiée n'est par exemple pas possible.

7.6 A partir de quel moment commence la protection d'une œuvre, et à quel moment se termine-t-elle ?

La protection d'une œuvre par les droits d'auteur commence, sans autre intervention ou manifestation de l'auteur, au moment de sa création (pour l'auteur) ou de sa présentation (pour un spectacle exécuté par un artiste interprète).

La protection est cependant limitée dans le temps. A la fin de la durée de protection (voir tableau « Durée de protection par le droit d'auteur » ci-dessous), une œuvre tombe dans le domaine public. Dès ce moment, une autorisation de la part de l'auteur n'est plus nécessaire pour son utilisation, lors d'une manifestation par exemple.
Remarque:
Un enregistrement visant la protection du droit d'auteur n'étant ni nécessaire ni possible (au contraire d'une patente par exemple), l'origine d'une œuvre doit parfois être prouvée. Pour simplifier ce processus, vous pouvez déposer votre œuvre auprès d'un tiers (un avocat ou une société de gestion par exemple), en indiquant également le contenu et la date de création.
Principalement pour les images et les textes, vous devriez toujours indiquer vote nom et la date de création.

Remarque:
On trouve parfois après un titre ou à la fin d'une œuvre le symbole «©» ou une remarque du type «tous droits réservés» ou «Copyright de», etc. Selon le droit suisse, ces indications ne sont pas nécessaires pour assurer la protection d'une œuvre par le droit d'auteur. La protection de l'œuvre est garantie dès sa naissance ou sa création, en l'absence de ces indications également. Selon le droit anglo-américain par contre, une œuvre n'est protégée par le droit d'auteur que si elle comporte ces indications. Toutefois, une telle indication (relativement inutile sur le plan légal) peut présenter un effet dissuasif et informatif.

Durée de protection par le droit d'auteur

Œuvres	Droit	Début	Fin 50 ans après le décès de l'auteur ou du coauteur*	Fin 70 ans après le décès de l'auteur ou du coauteur*	Disposition légale dans la LDA
Œuvres diverses, par exemple œuvres littéraires ou scientifiques, morceaux de musique, tableaux (peinture ou graphiques), dessins techniques, plans ou cartes, ouvrages d'art, œuvres des arts appliqués (décors de scène, chorégraphies, créations de mode et meubles), photographies et films	Droit d'auteur	Dès la création de l'œuvre		×	art. 29 al. 2 let. b
Logiciels informatiques	Droit d'auteur	Dès la création de l'œuvre	×		art. 29 al. 2 let. a

Œuvres	Droit	Début	Fin 50 ans après le décès de l'auteur ou du coauteur*	Fin 70 ans après le décès de l'auteur ou du coauteur*	Disposition légale dans la LDA
Œuvres diverses de coauteurs	Droit d'auteur	Dès la création de l'œuvre		×	art. 30 al. 1 let. b
Logiciels informatiques de coauteurs	Droit d'auteur	Dès la création de l'œuvre	×		art. 30 al. 1 let. a
Présentations/performances/divulgations réalisées par des artistes interprètes	Droits voisins	Présentation ou réalisation d'enregistrements sur des supports audio ou audiovisuels	× (à partir de la présentation)		art. 39 al. 1
Œuvres d'auteurs inconnus	Droit d'auteur	Divulgation**		×	art. 31 al. 1
Emissions d'organismes de diffusion	Droits voisins	Avec la diffusion de l'émission	× (à partir de la diffusion)		art. 39 al. 1

* Si les apports respectifs peuvent être disjoints, la protection de chacun d'eux dépend du décès de l'auteur respectif (art. 30 al. 2).

** Lors de la «découverte» de l'identité de l'auteur, les règles valables pour les œuvres diverses entrent en vigueur postérieurement (art. 31 al. 2).

Le délai pour la fin de la protection du droit d'auteur commence le 31 décembre de l'année de décès de l'auteur. (art. 32 et art. 39 al. 2 LDA).

Exemple:

Le 15 juillet 2005, Jürgen Meister achève la composition de sa nouvelle chanson à succès «Es wird Frühling in den Bergen». Il décède le 21 avril

2006, au sommet de sa carrière. La protection des droits d'auteur commence le 15 juillet 2005. Le 31 décembre 2006 marque le début de la période allant jusqu'à la fin de la protection (la date déterminante pour le début du délai est le 21 avril 2006, jour du décès). La protection des droits d'auteur se termine à la fin de la durée de protection, le 31 décembre 2076.

Remarque:
Dans son ancienne version, la loi sur le droit d'auteur fixait le délai de protection à 50 ans. Il est donc possible que le délai fixé par l'ancien droit pour la fin de la protection du droit d'auteur soit déjà échu. Celui-ci n'est pas réactivé avec le nouveau délai de 70 ans.

7.7 Quels sont les droits des artistes interprètes?

En accord avec la loi sur le droit d'auteur (art. 33 à 39 de la LDA), la protection du droit d'auteur ne se limite pas à l'auteur lui-même. Les personnes (interprètes) qui présentent une œuvre jouissent de droits propres selon les articles 33 et suivants de la LDA.

Lorsqu'une œuvre nouvellement créée (un morceau de musique par exemple) est interprétée par des musiciens, ceux-ci sont considérés à peu de chose près comme les auteurs du morceau. Cette interprétation est ainsi protégée contre une utilisation illégale. Ces droits «similaires» aux droits d'auteur sont appelés **droits voisins**. Les objets protégés par ces droits sont les interprétations au sens de l'article 2 de la LDA.

Le droit voisin le plus répandu est le **droit d'interprétation**. Les droits voisins protègent les artistes interprètes contre une utilisation illégale de leur œuvre. On pense par exemple à l'enregistrement, à la diffusion ou à la reproduction de celle-ci sans l'accord des intéressés. Contrairement aux droits d'auteur, les droits voisins n'englobent pas le droit de citation du nom lié à l'interprétation de l'œuvre. D'autre part, les artistes interprètes ne peuvent pas empêcher des modifications ou d'autres types de diffusion de l'œuvre qu'ils présentent. Ce droit reste réservé à l'auteur. Le cas où l'interprète est également l'auteur de l'œuvre fait exception à cette règle.
Exemple:
Si un promoteur souhaite réaliser et reproduire un CD/DVD comportant de la musique et/ou des images, il peut planifier et mener ce projet à bien en traitant directement avec les interprètes. En effet, ils sont les seuls à détenir les droits de présentation, d'enregistrement et de reproduction. Un enregistrement en direct n'est également possible qu'avec l'accord des

interprètes. Les personnes classées comme producteur audiovisuel sont protégées par l'article 36 de la LDA.
Si des artistes présentent une œuvre en commun à l'occasion d'une manifestation et qu'ils n'ont pas encore nommé de directeur (artistique), l'organisateur peut s'approprier les droits de la représentation.

7.7.1 Que sont les sociétés de gestion?

Une œuvre peut possiblement être copiée et présentée dans le monde entier sans que l'auteur n'en soit au courant. L'auteur n'étant pas en mesure de contrôler personnellement et en permanence les utilisations de son œuvre, aussi bien sur le plan national qu'international, des organisations s'occupant collectivement de différents domaines artistiques ont été créées à cet effet. Par leur taille et leur structure, elles ont la possibilité de remplir cette fonction au nom de l'auteur.

Pour les organisateurs ou les organisatrices de manifestations également, la situation est la plupart du temps peu claire. Il n'est en principe pas possible pour eux de déterminer si les auteurs des œuvres présentées durant la manifestation ont donné leur accord pour l'utilisation de celles-ci.

Les sociétés de gestion gèrent collectivement les licences d'utilisation de l'auteur ainsi que les droits voisins. Sur la base d'un contrat dit de gestion signé personnellement avec chaque auteur, les sociétés peuvent autoriser (contre rémunération) l'utilisation d'une œuvre à un organisateur.

Pour cela, les sociétés de gestion négocient des **tarifs** avec l'utilisateur des œuvres. Ces tarifs garantissent une compensation financière pour l'utilisation d'une œuvre.

Les sociétés de gestion encaissent auprès des organisateurs les paiements au nom des auteurs et les redistribuent à ceux-ci selon des barèmes fixes. Les revenus ainsi obtenus bénéficient personnellement chaque artiste.

Pour les organisateurs de manifestations, un seul contact direct avec la société de gestion est suffisant : il n'est ensuite plus nécessaire d'obtenir de consentement ou d'autorisation de la part de chaque artiste.

Si le texte d'une production théâtrale est utilisé pour une présentation, le droit d'interprétation doit en règle générale être obtenu préalablement. Cela se fait en s'adressant directement auprès de l'éditeur, moyennant le paiement d'un tantième. Pour autant que l'auteur ait transféré ses droits à une société de gestion, celle-ci (la SSA par exemple) est l'interlocutrice auprès de laquelle le droit d'interprétation du texte doit être obtenu.

Pour certains droits de protection (ceux touchant aux représentations musicales par exemple), la gestion collective des licences d'utilisation fait même l'objet d'une loi fédérale. La structure, l'organisation et le contrôle des sociétés de gestion sont réglementés par la loi sur le droit d'auteur. En Suisse, les sociétés de gestion ont besoin d'une autorisation de l'Institut Fédéral de la Propriété Intellectuelle pour exercer.

A l'heure actuelle en Suisse, les sociétés de gestion s'occupant des domaines de la musique, du théâtre, du cinéma et des textes sont les suivantes:

Vue d'ensemble des sociétés de gestion

Nom	Répertoire	Adresse	Site Internet
SUISA	Œuvres musicales et théâtrales	Bellariastrasse 82 8038 Zürich Tél. +41 (0)44 485 66 66 Fax +41 (0)44 482 43 33 *Bureau romand:* SUISA Av. du Grammont 11 bis Case postale 1000 Lausanne 13 Tél. +41 (0)21 614 32 32 Fax +41 (0)21 614 32 42 *Agenzia ticinese:* SUISA Centro San Carlo Via Soldino 9 6903 Lugano Tél. +41 (0)91 950 08 28 Fax +41 (0)91 950 08 29	www.suisa.ch
SSA – Société Suisse des Auteurs	Œuvres dramatiques, dramatico-musicales et audiovisuelles	Rue Centrale 12–14 Case postale 3893 1002 Lausanne Tél. +41 (0)21 313 44 55 Fax +41 (0)21 313 44 56	www.ssa.ch
SUISSIMAGE	Œuvres audio-visuelles	Neuengasse 23 Postfach 3001 Bern Tél. +41 (0)31 313 36 36 Fax +41 (0)31 313 36 37	www.suissimage.ch

Nom	Répertoire	Adresse	Site Internet
		Bureau romand: SUISSIMAGE Maupas 2 1004 Lausanne Tél. +41 (0)21 323 59 44 Fax +41 (0)21 323 59 45	
PROLITTERIS	Œuvres littéraires et photographiques, arts plastiques	Schwamendingerstrasse 10 Postfach 8033 Zürich Tél. +41 (0)43 300 66 15 Fax +41 (0)43 300 66 68	www.prolitteris.ch
SWISSPERFORM	Droits voisins	Utoquai 43 Postfach 221 8024 Zürich Tél. +41(0)44 269 70 50 Fax +41(0)44 269 70 60	www.swissperform.ch

7.7.2 Quelles sont les particularités à observer lors de la confection de catalogues de manifestation ?

Ce n'est qu'avec l'accord exprès de l'auteur qu'il est possible de reproduire ou de présenter des œuvres artistiques dans un catalogue de manifestation (mais également sur des affiches, des dépliants, des billets d'entrée ou de cartes publicitaires).

Remarque:
Dans le cas d'une requête auprès de la société de gestion Pro Litteris, vous pouvez obtenir contre paiement une licence pour l'utilisation d'une illustration ou d'une photo souhaitée. En règle générale, la société de gestion exige qu'une annotation de ce type apparaisse : Max Meier, Frühling in den Bergen © ProLitteris, Zurich.

Il existe néanmoins une exception avec les collections accessibles au public. La confection d'un catalogue pour une manifestation de ce genre, mais également pour des foires ou des ventes aux enchères, ne requiert pas d'accord, de demande, d'autorisation ou de paiement de la part de l'organisateur ou de l'organisatrice. La loi sur le droit d'auteur permet à celui-ci de publier dans le catalogue les œuvres exposées.

Remarque:
Le droit décrit ci-dessus n'est pas une évidence pour l'auteur. Pour bénéficier de ces « privilèges » autorisés par la loi sur le droit d'auteur, deux conditions spécifiques doivent toutefois être remplies : l'exposition doit être accessible au public et le catalogue doit être publié par l'organisateur lui-même. De plus, le prix de vente de ce dernier ne peut pas dépasser le coût de production. Pour la publication du catalogue par un éditeur et sa distribution dans les librairies, une autorisation de l'auteur est par contre nécessaire.
Dans la pratique, on assiste souvent à une répartition de l'édition en matière de catalogues de manifestation : une partie est vendue directement par le musée, l'autre étant distribuée dans les librairies. La loi sur le droit d'auteur n'incluant pas le privilège en question dans ce dernier cas, le producteur ou la maison d'édition doit traiter avec la société de gestion respective pour régler cette partie de l'édition.

A l'occasion d'une exposition, la demande d'autorisation à l'auteur pour la publication d'œuvres exposées (sur des cartes d'invitation, des dépliants ou des affiches de la manifestation) est parfois controversée. On peut se poser la question de savoir si ces publications font encore partie des privilèges propres au catalogue. Il est donc conseillé de demander l'accord exprès de l'auteur dans cette situation également.

7.7.3 Le droit d'auteur est-il aussi en vigueur sur Internet ?

Internet n'est pas un vide juridique, et comme cité plus haut, les limites propres aux droits d'auteur pour l'utilisation d'une œuvre sont également valables ici (photos, musique, textes etc.). L'utilisation de matériel trouvé sur Internet n'est ainsi possible qu'avec l'autorisation de son auteur.

Il est difficile de savoir si un auteur a déjà donné son accord pour l'utilisation ultérieure de documents copiés sur Internet. Si aucune indication n'est disponible, il est en principe nécessaire d'obtenir le consentement de l'auteur pour l'utilisation d'une œuvre. En cas d'utilisation d'une création sans l'accord de l'intéressé, on se trouve dans une situation de violation du droit d'auteur pouvant déboucher sur une action de droit civil. Celle-ci inclue la responsabilité (par exemple avec des dommages et intérêts) et la cessation.
Important:
En mentionnant l'auteur sous forme de citation, l'utilisation d'un document obtenu sur Internet ne pose aucune difficulté.

Remarque:
Tout comme pour d'autres supports, le contenu d'Internet ne peut être utilisé plus en avant sans l'autorisation de son auteur. La participation

(gratuite) à des bourses d'échange/systèmes de filesharing (« Napster » en était le pionnier) est interdite et punissable.
On peut par contre utiliser sans le consentement de l'auteur du matériel obtenu sur Internet et destiné à des fins privées (par exemple au sein d'un espace privé protégé, où seuls des membres de la famille ou des amis ont accès). Une controverse est ouverte pour savoir si un simple téléchargement (sans participation à une bourse d'échange) est autorisé, cette pratique étant largement répandue.

Lors de l'utilisation d'œuvres disponibles sur Internet, il est à noter que le **droit** dit « **on demand** » (droit de mise à disposition) signifie que celui-ci appartient exclusivement à l'auteur. Si une œuvre est créée pour être utilisée hors de l'Internet, toute publication de celle-ci sur le Web n'est possible qu'avec l'autorisation de l'auteur. Un téléchargement (up- ou download) caractérise une reproduction de l'œuvre protégée par le droit d'auteur, en accord avec l'article 19 de la LDA.

La propre présentation d'un site Internet peut être une œuvre protégée par le droit d'auteur s'il s'agit d'une création de l'esprit à caractère individuel.

Exemple:
Un catalogue en ligne comportant des sculptures présentées durant une exposition dispose, durant et après la manifestation, d'un lien avec le site Internet de l'organisateur. Cette décision a été prise sans l'accord du sculpteur et de la photographe des œuvres. L'organisateur estime qu'il n'est pas nécessaire d'obtenir l'autorisation de l'artiste pour la création du catalogue et qu'il a déjà payé des honoraires généreux à la photographe pour la réalisation des photos du catalogue. Il estime qu'il a ainsi déjà répondu aux exigences et aux droits de la photographe.
Savoir si la mise en ligne du catalogue durant l'exposition est possible sans autre forme de procédure est un élément de controverse. Il pourrait s'agir ici du privilège relatif aux catalogues (voir chap. 7.7.2). En l'absence de décision du Tribunal fédéral concernant cette question, il est conseillé de demander le consentement des auteurs dans une situation de ce genre. Après l'exposition, il est par contre indispensable d'obtenir l'accord de l'artiste et celui de la photographe, ses photos étant considérées comme des œuvres à part entière jouissant également d'une protection.

7.7.4 Quelles sont les particularités à observer avec des œuvres musicales ?

Chaque utilisation ou interprétation d'une œuvre musicale en publique devrait en principe être autorisée par son auteur. Cette tâche parfois insurmontable est grandement facilitée par l'action de la SUISA, société de gestion centrale en matière de musique. Une utilisation planifiée peut être annoncée directement auprès du service à la clientèle de la société de gestion. En règle générale, il faut envoyer une liste des morceaux interprétés. Ceci est valable aussi bien pour les organisateurs ou les organisatrices de manifestation que pour les producteurs de CD musicaux. En accord avec la nature de l'utilisation et en raison des tarifs internes, la société de gestion fait ensuite parvenir un décompte de licence ou octroie des droits de reproduction mécanique pour la production de CD.

Remarque:
Lorsque des extraits, même courts, sont tirés de morceaux de musique pour réaliser par exemple une œuvre propre (Sampling), on doit obtenir préalablement les autorisations nécessaires. Ces œuvres (Sampling) sont également soumises à la loi sur les droits d'auteur, celles-ci ayant pour base les œuvres dans lesquelles elles ont puisé. Dans ce domaine, il faut également observer l'article 35 de la LDA. Cette prescription donne aux artistes interprètes le droit à une rémunération si des productions audio ou audiovisuelles disponibles sur le marché sont utilisées.

Important:
Lors de l'organisation d'un concert également, chaque œuvre musicale interprétée doit être légalement annoncée à la SUISA.

7.7.5 Quelles sont les particularités à observer avec des œuvres cinématographiques?

Dans l'article 2 alinéa 2 lettre g de la LDA, les œuvres cinématographiques sont spécifiquement citées comme des œuvres protégées.

Remarque:
L'expression «œuvre cinématographique» n'inclut pas uniquement les longs métrages ou les documentaires. Elle englobe également des séquences courtes ou des clips dans le domaine de la vidéo.

Si la production d'un film inclut d'autres œuvres (de la musique par exemple), les autorisations pour leur utilisation doivent être obtenues auprès des auteurs respectifs. Le cas échéant, il faut également demander l'accord des entreprises de médias ayant déjà divulgué ces œuvres (une maison de disque par exemple). En règle générale, l'acquisition des droits se fait auprès des sociétés de gestion mandatées ou des maisons d'édition musicale.

L'utilisation de nouvelles musiques de film peut être faite en établissant des contrats avec les compositeurs, les auteurs des paroles et les interprètes. Dans ce cas, la société de gestion SUISA est le premier interlocuteur à contacter.

En accord avec chaque situation, les seuls coauteurs d'une œuvre cinématographique sont l'auteur du scénario (en tant qu'auteur de l'œuvre « scénario »), le réalisateur et le compositeur de la musique du film. Cette règle est appliquée malgré les nombreuses personnes traditionnellement en fonction pour la réalisation d'un film. On pense par exemple aux acteurs, aux chanteurs, aux caméramans, aux maquilleurs ou aux costumiers. En règle générale, seules les trois premières personnes mentionnées possèdent une licence d'utilisation (droit de projection ou de diffusion par exemple) et des droits d'exploitation (comme la production de version DVD ou vidéo). Dans le cadre de la loi sur le droit d'auteur, les producteurs audio ou audiovisuels bénéficient d'un statut spécifique avec la protection des droits voisins. En accord avec l'article 2 de la LDA, chaque autre participant peut exceptionnellement être considéré comme auteur si sa contribution représente une création individuelle de l'esprit.

Dans l'industrie du cinéma, le producteur occupe souvent un rôle prépondérant. La plupart du temps, il est responsable pour l'ensemble de la réalisation d'un film. Pour mener à bien son projet, il acquiert normalement auprès des auteurs les droits dits d'utilisation. Le producteur devient ainsi lui-même propriétaire des droits d'auteurs respectifs et peut les utiliser librement.

Qui donne l'autorisation de projeter un film ?

Dans le domaine des œuvres cinématographiques, la société de gestion SUISSIMAGE défend les intérêts des personnes impliquées dans la réalisation d'un film (le réalisateur ou l'auteur du scénario par exemple). Toutefois, la société de gestion n'est généralement pas agréée pour délivrer des autorisations aux promoteurs désirant organiser une projection, les droits étant réservés aux détenteurs de ceux-ci (le producteur ou le distributeur). Les personnes concernées doivent être contactées. Des renseignements dans ce domaine peuvent être obtenus auprès des grands distributeurs. Pour les œuvres cinématographiques suisses, une recherche peut être faite à l'aide de banques de données libre d'accès (www.swissfilms.ch/films.asp par exemple).

7.7.6 Peut-on également protéger un concept (de manifestation) ?

En principe, un concept ne peut pas être protégé s'il n'a pas été établi par écrit. Sans document écrit, il est considéré comme une idée et ne fait pas partie du domaine protégé par la loi sur le droit d'auteur.

Par contre, si on établit son concept par écrit et qu'il représente une création individuelle de l'esprit en accord avec l'article 2 de la LDA, il entre dans le champ de protection des droits d'auteur.

En matière d'organisation d'événement, mis à part le texte écrit, les plans et les esquisses s'y rapportant sont également protégés. Le nom de la manifestation est aussi protégé s'il répond aux critères de l'article 2 de la LDA.

Remarque:
Même si un concept de manifestation ne peut pas être protégé, la mise sur papier détaillée des éléments fixes et élaborés permet de garantir une certaine protection. Si vous choisissez un nom original pour l'événement, vous pouvez également demander la protection de celui-ci.

Même si un organisateur a créé lui-même tous les éléments d'une manifestation, il est rare qu'il soit considéré comme étant l'auteur de celle-ci. Pour cela, il faudrait qu'il contribue lui-même à son organisation avec une création de l'esprit à caractère individuel. On peut éventuellement imaginer cette possibilité dans des domaines accessoires (avec la création d'une affiche pour la manifestation par exemple). Le droit d'auteur ne peut toutefois pas être appliqué pour l'ensemble de la manifestation.
Remarque:
Si vous organisez régulièrement des manifestations dans le cadre de vos rapports de travail et que vous y contribuez par quelques créations de l'esprit ayant qualité d'œuvres selon l'article 2 de la LDA, vous devriez éventuellement revoir votre contrat de travail. Il pourrait comporter des (admissibles) accords sur la transmission de droits d'exploitation spécifiques envers votre employeur. Dans ce cas il est propriétaire des droits d'auteurs.

7.7.7 La protection de l'auteur fonctionne-t-elle également hors des frontières du pays?

La loi suisse sur le droit d'auteur n'est en principe applicable que sur le territoire national. Pour permettre aux auteurs de protéger leurs droits au niveau international, la Suisse a conclu des accords internationaux (la Convention de Berne ou la Convention de Paris par exemple) traitant du droit d'auteur et des droits voisins.

Ces conventions ont pour effet de mettre les auteurs suisses à pied d'égalité avec les auteurs étrangers en matière de droits dans les pays respectifs. La meilleure protection possible est ainsi assurée, en accord avec le droit du pays en question. Toutefois, les droits d'auteur en vigueur dans chaque pays peuvent différer grandement par rapport au droit suisse. Pour un projet de manifestation à l'étranger, et en particulier hors de l'Europe, il est conseillé de se renseigner sur la protection des droits d'auteur en vigueur dans les pays respectifs.

7.8 Textes de référence

Sources juridiques :

Loi fédérale du 9 octobre 1992 sur le droit d'auteur et les droits voisins (Loi sur le droit d'auteur, LDA).

Ordonnance du 26 avril 1993 sur le droit d'auteur et les droits voisins (Ordonnance sur le droit d'auteur, ODAu).

Loi fédérale du 9 octobre 1992 sur la protection des topographies de produits semi-conducteurs (Loi sur les topographies, LTo).

Ordonnance fédérale du 26 avril 1993 sur la protection des topographies de produits semi-conducteurs (Ordonnance sur les topographies, OTo).

Arrêté du Conseil fédéral du 26 septembre 1924 réglant les conditions de réciprocité entre la Suisse et les Etats-Unis d'Amérique relatives à la protection des œuvres littéraires et artistiques.

Loi fédérale du 28 août 1992 sur la protection des marques et des indications de provenance (Loi sur la protection des marques, LPM).

Ordonnance du 26 avril 1993 sur la mise en vigueur intégrale de la loi sur la protection des marques.

Ordonnance du 23 décembre 1992 sur la protection des marques (OPM).

Ordonnance du 23 décembre 1971 réglant l'utilisation du nom « Suisse » pour les montres.

Loi fédérale du 5 octobre 2001 sur la protection des designs (Loi sur les designs, LDes).

Ordonnance du 8 mars 2002 sur la protection des designs (Ordonnance sur les designs, ODes).

Loi fédérale du 25 juin 1954 sur les brevets d'invention (Loi sur les brevets, LBI).

Ordonnance du 19 octobre 1977 relative aux brevets d'invention (Ordonnance sur les brevets, OBI).

Règlement du 28 avril 1997 sur les taxes de l'Institut Fédéral de la Propriété Intellectuelle (IPI-RT).

Arrêté du Conseil fédéral du 28 janvier 1908 concernant l'application de l'article 18 de la loi sur les brevets d'invention (Réciprocité envers les Etats-Unis d'Amérique pour l'extinction des brevets).

Autres ouvrages :

Action CH-Rock (Hg.) : Action Rock-Guide – Das Schweizer Rockhandbuch. Wabern 1996.

Barrelet, Denis : Le nouveau droit d'auteur, 2e édition. Berne 2000.

Büren, Roland von : Marbach, Eugen : Immaterialgüter- und Wettbewerbsrecht, 2e édition. Bern 2002.

Dessemontet, François : Le droit d'auteur. Lausanne 1999.

Glaus, Bruno : Studer, Peter : Kunstrecht : Zurich 2003.

Haase, Frank : Mäcken, Walter : Handbuch Eventmanagement. Munich 2004.

okaj zürich (Hg.) : Alles was Recht ist, 2e édition. Zurich 2004.

Olenhusen, Albrecht Götz von : Ling, Peter : Parodie und Urheberrechtsverletzung in der Schweiz und in Deutschland, insbesondere im Bereich der bildenden Künste. In : Archiv für Urheber- und Medienrecht 106, S. 695–724.

Schulze-Rossbach, Ulrich : Das AMA-Musikerrecht – Rechtliche Grundlagen für Musiker, Texter und Komponisten. Brühl 2003.

Unverzagt, Alexander : Röckrath, Gereon : Kultur und Recht : Praxisorientiertes Rechtshandbuch für Künstler und Kulturmanager. Stuttgart 1998.

Wegener, Poto : Musik und Recht : Schweizer Handbuch für Musikschaffende. Starnberg et Munich 2003.

8 A propos de la situation internationale

Raik Mickler

Il existe des traités internationaux dans de nombreux domaines, qu'il s'agisse du droit international ou d'accords bilatéraux avec l'Union européenne. Le chapitre 8 présente un aperçu de différents traités en vigueur à l'heure actuelle et qui possèdent un intérêt dans le domaine de la culture.

8.1 Généralités

Les traités conclus entre la Suisse et l'Union européenne sont en accord avec de nombreux règlements nationaux conformes au droit européen. Les accords bilatéraux conclus avec l'Union européenne agissent par exemple directement dans le domaine de la libre circulation des personnes (autorisations de travail). Il existe à ce sujet de nombreux traités internationaux qui touchent parfois des domaines concernant les organisateurs de manifestations. La participation de la Suisse au programme MEDIA, une collaboration internationale convenue avec l'Union européenne, est un exemple important dans ce domaine. Sur la base de ce traité, la Suisse et les Etats de l'Union européenne prennent part à toutes les activités liées au programme MEDIA Plus (développement, distribution et commercialisation de productions audiovisuelles) et MEDIA-Formation (formation continue pour les personnes travaillant dans le secteur audiovisuel).

Les accords conclus permettent de régler directement avec les Etats européens les questions suivantes:

- autorisation de travail/autorisation de séjour (fortement influencées par l'accord du 21 juin 1999 sur la libre circulation des personnes, comprenant la décision 2/2003 du comité mixte datée du 15 juillet 2003 sur la modification de l'annexe II sécurité sociale),
- carte européenne d'assurance-maladie EHIC valable dans toute l'UE,
- convention de double imposition entre la Suisse et d'autres pays européens.

8.2 Vue d'ensemble des traités internationaux signés par la Suisse

Mis à part les accords contractuels avec l'Union européenne concernant des thèmes ne touchant pas directement la culture pour le moment, on trouve de nombreux règlements nationaux et internationaux à portée internationale. Ces règlements et leur champ d'application ne peuvent être cités ici que succinctement.

8.2.1 Domaine d'application : droit d'auteur

- Convention universelle du 6 septembre 1952 sur le droit d'auteur (avec protocoles additionnels 1 et 2).
- Convention universelle sur le droit d'auteur révisée à Paris le 24 juillet 1971 (avec déclaration, résolution et protocole).
- Convention de Berne pour la protection des œuvres littéraires et artistiques, révisée à Rome le 2 juin 1928.

- Convention de Berne pour la protection des œuvres littéraires et artistiques révisée à Bruxelles le 26 juin 1948.
- Convention de Berne pour la protection des œuvres littéraires et artistiques, révisée à Stockholm le 14 juillet 1967 (avec protocole relatif aux pays en voie de développement).
- Convention de Berne pour la protection des œuvres littéraires et artistiques, révisée à Paris le 24 juillet 1971 (avec annexe).
- Convention internationale du 26 octobre 1961 sur la protection des artistes interprètes ou exécutants des producteurs de phonogrammes et des organismes de radiodiffusion.
- Convention du 29 octobre 1971 pour la protection des producteurs de phonogrammes contre la reproduction non autorisée de leurs phonogrammes.
- Convention du 21 mai 1974 concernant la distribution de signaux porteurs de programmes transmis par satellite.
- WIPO Performance and Phonograms Treaty.
- WIPO Copyright Treaty.
- European Convention relating to questions on copyright law and neighbouring rights in the framework of transfrontier broadcasting by satellite.

Dans le domaine des droits d'auteur, la Convention de Berne pour la protection des œuvres littéraires et artistiques citée ci-dessus et signée par de nombreux pays dans le monde présente une certaine unité garantissant une protection minimum. Tous les Etats signataires s'engagent ainsi à maintenir ce qu'on appelle un traitement national. Cela signifie que les auteurs étrangers bénéficient dans chaque pays d'une protection identique à celle que les auteurs nationaux sont à même d'exiger, en accord avec les lois en vigueur sur le territoire national. Selon les règlements appliqués dans chaque Etat, cette protection peut évidemment se situer bien en dessous de celle déterminée par la loi suisse sur le droit d'auteur.

Grâce au «WIPO Performance and Phonograms Treaty» et au «WIPO Copyright Treaty», de nouvelles normes ont été établies dans le domaine du numérique pour la protection du droit d'auteur. Les règlements portent en particulier sur les **droits «on demand»** dans l'Internet et la situation des interprètes de productions folkloriques. Une discussion sur la révision des droits d'auteurs est en cours en Suisse, prenant en compte ces points de vue.

A l'heure actuelle, la problématique de ce qu'on appelle le droit de suite est traitée. Ce dernier règle la participation de l'artiste aux recettes lors de la revente d'une de ses œuvres. Une participation de ce genre n'est pas prévue par le droit suisse. Cette problématique est très controversée à l'intérieur de nos frontières. Dans cet exemple, on reconnaît également l'influence d'une règlementation européenne. La directive européenne 2001/84/CE existant depuis 2001 encourage l'établissement de ce droit de suite. La Suisse n'étant pas membre de l'Union européenne, un alignement sur ce point n'est pas urgent. Toutefois, l'introduction d'un tel droit revêt une grande importance aux yeux des artistes contemporains. Il semblerait qu'à l'heure actuelle seule une adhésion de la Suisse à l'UE pourrait accélérer ce processus d'acceptation.

8.2.2 Domaine d'application : culture

- Convention culturelle européenne du 19 décembre 1954.
- Convention du 20 mars 1970 relative à l'Agence de coopération culturelle et technique (avec charte).
- Echange de notes du 17 avril 1986 entre le Conseil fédéral suisse et le Gouvernement de la République italienne concernant l'institution d'une Commission culturelle consultative italo-suisse (avec protocole).
- Convention européenne du 2 octobre 1992 sur la coproduction cinématographique (avec annexes).
- Accord du 6 juin 1984 entre le Gouvernement de la Confédération suisse et le Gouvernement de la République fédérale d'Allemagne sur les relations cinématographiques (avec annexe).
- Accord du 11 mai 1990 entre le Conseil fédéral suisse et le Gouvernement de la République d'Autriche sur les relations cinématographiques (Accord de coproduction entre la Suisse et l'Autriche) (avec annexe et échange de lettres).
- Accord du 22 octobre 1987 entre le Conseil fédéral suisse et le Gouvernement du Canada sur les relations cinématographiques et audiovisuelles (avec annexe).
- Accord cinématographique du 7 décembre 2004 entre le Gouvernement de la Confédération suisse et le Gouvernement de la République française (avec annexes).
- Accord de coproduction cinématographique du 15 mai 1990 entre la Suisse et l'Italie.
- Convention du 14 novembre 1970 concernant les mesures à prendre pour interdire et empêcher l'importation, l'exportation et le transfert de propriété illicites des biens culturels.
- UNIDROIT Convention on stolen or illegally exported cultural objects.
- Accord entre la Confédération suisse et le Royaume de Belgique sur les relations cinématographiques.
- Loi sur le transfert de biens culturels (règlement national établi à partir d'une Convention de l'UNESCO de 1970).

8.3 Textes de référence

Autres ouvrages:

Bieber, Roland: Droit constitutionnel de l'Union Européenne, 4e édition. Bâle 2005.

Epiney, Astrid: Europarecht 1. Das institutionelle Recht der Europäischen Union. Berne 2004.

Epiney, Astrid: Europarecht 2. Die Grundfreiheiten des EG-Vertrags. Berne 2004.

Kaddous, Christine: Auer, Andreas: Les principes fondamentaux de la Constitution européenne. Genève 2006.

L'adresse Internet http://www.europa.admin.ch fournit un bon accès aux textes officiels et à des commentaires traitant de thèmes européens.

Les questions fréquentes sur les accords bilatéraux sont compilées et commentées dans une brochure publiée par le Bureau de l'intégration DFAE/DFE disponible à l'adresse http://www.europa.admin.ch/nbv/info_mat/dossiers/d/faq.

9 A propos du marketing d'une manifestation

Raik Mickler

Le marketing d'une manifestation culturelle devrait également offrir des garanties juridiques. L'importance toujours croissante de la publicité et du sponsoring ainsi que l'orientation de la société vers une culture événementielle forment le cadre de ce thème.

9.1 Généralités

Pour intéresser le public à des œuvres artistiques, de nombreux efforts d'organisation doivent être entrepris. Avant de voir les spectateurs affluer et présenter leur billet d'entrée ou leur invitation sur le lieu de la manifestation, différentes questions juridiques peuvent apparaître. Seules quelques situations typiques traitant du «marketing d'une manifestation» peuvent être présentées plus en détail ici.

9.2 Contrat publicitaire

Si un soutien professionnel est nécessaire pour le marketing de la manifestation, vous pouvez vous adresser à un bureau ou une agence de publicité. Un contrat publicitaire doit éventuellement être conclu avec les entreprises offrant ce genre de services.

Remarque:
Un contrat publicitaire ne doit pas nécessairement être conclu par écrit. Etant donné les nombreux points de règlement et les différents domaines d'activité pouvant être abordés par une agence de publicité, l'établissement d'un contrat écrit est toutefois fortement conseillé.

Dans un contrat de ce type (mandat selon art. 394 et suivants CO), des accords sur les thèmes suivants doivent en principe être convenus:

- étendue du mandat,
- services fournis par l'agence (concept concret ou stratégie globale par exemple),
- honoraires pour l'exécution des tâches commerciales (couverture forfaitaire des frais ou participation au chiffre d'affaires par exemple),
- accords sur la responsabilité, avec une attention portée sur les erreurs pouvant provenir des conseils publicitaires ou sur leurs conséquences juridiques,
- règlement sur les obligations de l'agence (conseil, exclusion de la concurrence/exclusivité ainsi que l'obligation de discrétion relative aux secrets d'entreprise révélés par le mandat),
- début du contrat, durée du contrat, résiliation (établir des délais suffisants !).

Selon l'étendue du mandat, on peut profiter des prestations issues du catalogue d'une agence ou distribuer les mandats auprès de divers spécialistes (agences spécialisées dans l'affichage par exemple). Les règles en vigueur pour le contrat d'entreprise sont appliquées pour des missions de marketing uniques et limitées, en accord avec les articles 363 et suivants du CO. Ce contrat règle principalement les obligations de l'entrepreneur (art. 364 et suivants CO), les obligations du client ou «maître» (art. 372 et suivants CO) et les possibilités de garantie de l'entrepreneur, appelé droit de rétention (art. 895 et suivants CC).

Les prestations d'une agence sont généralement des concepts ou des idées publicitaires. Même si, à la connaissance de l'agence, un concept est nouveau et qu'il n'a encore jamais été appliqué dans le monde (ce qui est fort peu probable dans le domaine de la publicité), celui-ci ne peut pas être protégé par le droit d'auteur. Comme cité dans le chapitre 7 «A propos des droits d'auteur» pour d'autres situations, la protection des droits d'auteur n'inclut pas les concepts et les idées. Le droit de la concurrence offre toutefois une protection contre des plagiats importants. On peut également imaginer la protection par le droit d'auteur d'éléments isolés issus du cadre global du concept (des illustrations par exemple).

Pour le mandant, seul l'établissement d'un contrat permet de fixer des conditions à caractère obligatoire. Il est ainsi possible de déterminer clairement à qui reviennent les droits des travaux fournis par l'agence et d'interdire l'utilisation de ces derniers pour d'autres clients de l'agence. Toutefois, ces accords n'ont d'effets (incluant également une action en dommages et intérêts) pratiquement qu'auprès des signataires du contrat. Une autre agence ou un tiers pourrait théoriquement prendre à son compte des concepts ou des idées développés pour le mandant, ceux-ci ne jouissant pas de la protection du droit d'auteur.

Remarque:
Parmi les prestations généralement fournies par les agences, on trouve en vrac des conseils globaux sur la publicité, le choix des supports publicitaires, la conception de plans publicitaires et de campagnes, l'élaboration de textes publicitaires et d'illustrations ou de photos, la prise en charge du processus publicitaire et l'évaluation des répercussions engendrées par chaque élément mis en place.

9.3 Contrat d'organisation

Une agence de promotion peut être contractée pour s'occuper de l'organisation d'une manifestation. Pour régler les questions de la collaboration, il est ici aussi conseillé d'établir un contrat d'organisation écrit traitant des thèmes suivants:

- description du mandat (exposition de quatre semaines par exemple),
- statut juridique de l'agence (lien de subordination ou collaborateur indépendant),
- honoraires (généralement un forfait dans ce cas),

– obligation de la part de l'agence d'informer l'organisateur,
– début du contrat, durée du contrat, résiliation,
– obligation de discrétion de la part de l'agence.

9.4 Contrat de sponsoring

Pour le marketing de la manifestation, les apports fournis par des sponsors peuvent être importants. Une collaboration peut être convenue pour un événement unique ou pour un sponsoring prolongé, et peut comprendre des apports en matériel ou en services. Au moment de fixer les accords écrits portant sur une collaboration de ce genre, les partenaires devraient clarifier les points suivants:

– description de la manifestation (lieu, durée),
– prestations du sponsor (participation financière et/ou apports en matériel et en services),
– contrepartie de l'organisateur (citation de référence, placement de logos, indication du nom, publication de photos),
– clause d'exclusivité (sponsor principal),
– déroulement de la manifestation,
– dégagement de la responsabilité pour le sponsor (en particulier envers le public),
vdébut du contrat, durée du contrat, résiliation.

9.5 Textes de référence

Sources juridiques:

Loi fédérale du 30 mars 1911 complétant le code civil suisse (Livre cinquième: Droit des obligations).

Code civil suisse du 10 décembre 1907 (CC).

Autres ouvrages:

Holzbaur, Ulrich: Eventmanagement. Veranstaltungen professionell zum Erfolg führen, 3e édition.Berlin 2005.

Bortoluzzi Dubach, Elisa; Frey, Hansrudolf: Sponsoring. Der Leitfaden für die Praxis, 4., aktualisierte und erweiterte Auflage. Bern 2007.

10 Obligation de tenir une comptabilité

Rolf Bühler

Dans ce dernier chapitre, l'obligation de tenir une comptabilité est présentée dans ses grandes lignes. La loi prescrit ce devoir aussi bien pour les raisons individuelles que pour les sociétés inscrites au registre du commerce. Dans le domaine de la culture également, une comptabilité bien tenue fait de plus en plus partie des exigences.

L'obligation de tenir une comptabilité peut aussi faire partie des tâches prescrites lors de l'organisation d'une manifestation. Celle-ci est réglée par le code des obligations. D'autre part, le droit fiscal oblige les travailleurs indépendants à tenir un registre et à conserver les différentes pièces justificatives.

10.1 Selon le code des obligations

L'obligation de tenir une comptabilité est régie par le code des obligations (CO). En accord avec l'article 957 du CO, quiconque a l'obligation de s'inscrire au registre du commerce doit également tenir une comptabilité en bonne et due forme (bilan complet et compte d'exploitation incluant les pièces justificatives).

La comptabilité sert avant tout à informer les personnes extérieures (créanciers, collectivité) et les partenaires d'une entreprise (associés, gérants, organes) sur la situation de cette dernière. De plus, la comptabilité sert de base calcul pour la taxation fiscale.

La comptabilité peut être divisée en trois parties distinctes:
- établissement des faits déterminants et classement des documents,
- facturation,
- établissement du bilan, du compte d'exploitation et de l'inventaire.

A qui s'adresse l'obligation de tenir une comptabilité ?

En principe, quiconque est obligé de s'inscrire au registre du commerce (voir chap. 2.3) doit également tenir une comptabilité. Les sociétés anonymes, les sociétés en commandite par actions, les sociétés à responsabilité limitée (Sàrl) et les sociétés coopératives sont soumises à cette obligation. S'y ajoutent les sociétés en nom collectif et les sociétés en commandite commerciales, les fondations et les associations: pour ces deux dernières et en accord avec l'article 934 du CO, l'obligation est applicable si elles exercent une activité commerciale.

Les raisons individuelles sont également obligées de tenir une comptabilité si leur activité est commerciale. En tant qu'activité commerciale, on entend une activité économique établie visant à obtenir des gains financiers.

Qui échappe à l'obligation de tenir une comptabilité ?

Les professions autonomes ou libérales comme médecin, avocate, architecte, artiste, ingénieur ou gestionnaire de fortune en particulier ne sont pas soumises à l'enregistrement obligatoire et échappent ainsi à l'obligation de tenir une comptabilité. D'autres exceptions existent pour les exploitations agricoles, les professions scientifiques et les entreprises artisanales.

La société simple n'est quant à elle ni obligée ni autorisée à s'inscrire au registre du commerce : elle n'est donc pas soumise à l'obligation de tenir une comptabilité.

10.2 Selon le droit fiscal

Une différence importante doit être faite entre l'obligation de tenir une comptabilité dictée par le code des obligations et citée plus haut et l'obligation de tenir un registre déterminée par le droit fiscal. Les personnes soumises à l'obligation de tenir une comptabilité doivent bien entendu livrer les bilans et le compte d'exploitation aux autorités fiscales. Mais les personnes exerçant une activité lucrative indépendante et n'étant pas soumises à l'obligation de tenir une comptabilité doivent également fournir un état de leur situation. Celui-ci doit inclure les actifs et les passifs, les recettes et les dépenses ainsi que les prélèvements et les apports privés (art. 125 de la loi fédérale sur l'impôt fédéral direct et art. 42 de la loi sur l'harmonisation des impôts directs). De plus, ces personnes sont aussi soumises à l'**obligation de conserver les documents** (dix ans) et à l'**obligation de tenir un registre**. Les exigences liées à l'obligation de tenir un registre dépendent de la nature et du domaine de l'activité lucrative indépendante. Toutes les dispositions doivent être prises pour pouvoir établir correctement la déclaration des revenus issus de l'activité indépendante et de la fortune commerciale. Ces mesures doivent également permettre aux autorités fiscales de contrôler l'exactitude de la déclaration.
Remarque:
La nature exacte des obligations varie d'un canton à l'autre. La plupart des services cantonaux des contributions publient des notices ou des directives destinées aux travailleurs indépendants n'étant pas soumis à l'obligation de tenir une comptabilité.

10.3 Textes de référence

Sources juridiques :
Le Code suisse des obligations, CO.

Autres ouvrages :
Basler Kommentar zum Schweizerischen Privatrecht : Hg. Honsell, Heinrich : Vogt Nedim, Peter : Geisser, Thomas : Obligationenrecht II, Art. 530–1186, 2e édition. Bâle, Genève, Munich 2002.
Tercier, Pierre : Amstutz, Marc (éd.) : Commentaire romand, Code des obligations II, Code des obligations art 530–1186 avec une introduction à la loi sur la fusion. Genève et al. 2007.

Appendice

Les check-lists en annexe fournissent des conseils pour le bon déroulement d'une manifestation culturelle. Elles font également ressortir les points pour lesquels une couverture juridique est utile ou nécessaire. Le tableau traitant des autorisations présente une vue d'ensemble des nombreuses prescriptions propres à chaque canton pour la réalisation de manifestations culturelles. Il fournit aussi une liste d'adresses des différents services.

Check-lists

Les check-lists présentées ci-dessous fournissent des idées et des aides pour la réalisation concrète d'une manifestation. Les exemples choisis ne sont pas exhaustifs. Ils peuvent être utilisés comme aide-mémoire de manière individuelle ou collective pour la planification d'une manifestation. Les informations entre parenthèses renvoient aux chapitres correspondants du livre.

Check-list 1: formation d'un groupe

Je souhaite former un groupe et le diriger (troupe de théâtre, chœur, groupe de jazz ou de rock).

– Avons-nous besoin d'une forme juridique particulière? (chap. 2.2)
– Nous jouons des morceaux/chansons/compositions créés par d'autres auteurs. (chap. 7.5, chap. 7.7.4)
– L'utilisation de morceaux composés par d'autres auteurs doit-elle être annoncée auprès d'une société de gestion? (chap. 7.5, chap. 7.7.4)
– Nous avons besoin de personnel, comme des techniciens de scène, des régisseurs, des chefs d'orchestre, des ingénieurs du son. (chap. 5)
– Nous avons besoin d'un local pour des répétitions et des représentations. (chap. 3.4, chap. 4.2, chap. 4.4, chap. 4.5)
– Nous devons louer du matériel pour notre représentation. (chap. 4)
– Nous proposons nos services à des organisateurs locaux. (chap. 9)
– Nous souhaitons faire de la publicité pour notre groupe ou pour nos représentations. (chap. 9)
– Nous souhaitons enregistrer nos productions sur un support de données. (chap. 7.5.1)
– Sommes nous assujettis aux impôts? (chap. 6)
– Devons-nous tenir une comptabilité? (chap. 10)

Check-list 2: direction d'une scène

Je souhaite diriger une scène de théâtre, musicale ou de performances.

– Des morceaux/chansons/compositions créés par d'autres auteurs seront joués. (chap. 7.5, chap. 7.7.4)
– L'utilisation de morceaux composés par d'autres auteurs doit-elle être annoncée auprès d'une société de gestion? (chap. 7.5, chap. 7.7.4)
– A qui dois-je demander une autorisation pour une représentation? (chap. 7.5.1, chap. 7.7.4)
– J'ai besoin de personnel comme technicien de scène, régisseur, chef d'orchestre, ingénieur du son. (chap. 5)
– Je souhaite engager des ensembles pour des performances. (chap. 5)

– J'ai besoin de louer du matériel pour des représentations uniques. (chap. 4)
– J'installe un local permanent. (chap. 3.4, chap. 4.2, chap. 4.4, chap. 4.5)
– Suis-je assujetti aux impôts ? (chap. 6)
– Dois-je tenir une comptabilité ? (chap. 10)

Check-list 3 : organisation d'une exposition

Je souhaite monter une exposition historique, d'art ou de photos.

– J'ai besoin d'un espace adapté. (chap. 3.4, chap. 4.2, chap. 4.4, chap. 4.5)
– J'ai besoin de personnel pour le montage et le démontage, la surveillance etc. (chap. 5)
– Puis-je illustrer le catalogue ou les billets d'entrée avec des représentations d'objets exposés ? (chap. 7.7.2)
– Jusqu'où va ma responsabilité pour la prise en charge et l'intégrité des objets exposés ? (chap. 4.4)
– Je souhaite proposer les objets de l'exposition à la vente. (chap. 4)
– Dois-je payer des impôts ? (chap. 6)

Check-list 4 : présentations de films en public

Je souhaite présenter des films en public.

– Je dois louer du matériel technique. (chap. 4.2, chap. 4.3)
– Puis-je présenter un film en public (chap. 3.4, chap. 7.5.2)
– J'ai besoin d'un technicien de projection, d'une caissière etc. (chap. 5)
– Puis-je faire de la publicité pour le film en utilisant des extraits de celui-ci ? (chap. 7.5.2)

Check-list 5 : organisation d'un festival régional

Nous souhaitons organiser un festival régional.

– Avons-nous besoin d'une forme juridique particulière ? (chap. 2.2)
– Nous souhaitons proposer des représentations musicales ou de théâtre. (check-list « direction d'une scène »)
– Nous souhaitons également présenter des films. (check-list « présentations de films en public »)
– Nous engageons des collaborateurs et des collaboratrices bénévoles. (chap. 4.4, chap. 5)

– Nous souhaitons vendre des aliments et des boissons. (chap. 3.4, chap. 4.5)
– Nous souhaitons faire de la publicité pour notre manifestation. (chap. 9)

Check-list 6 : publication d'enregistrements

Nous souhaitons publier un enregistrement sur un support de données comme un CD ou un DVD.
– Nous jouons des morceaux/chansons/compositions créés par d'autres auteurs. (chap. 7.5)
– L'utilisation de morceaux composés par d'autres auteurs doit-elle être annoncée auprès d'une société de gestion ? (chap. 7.5, chap. 7.7.4)
– Existe-t-il des prescriptions particulières pour la production d'un CD musical ? (chap. 7.7.4)
– Nous louons le studio d'enregistrement. (chap. 4.2)
– Nous mandatons un ingénieur du son. (chap. 5.2)

Nous souhaitons publier un enregistrement sur un support de données comme un CD ou un DVD.

Check-list 7 : création d'un site Internet

Je souhaite présenter mon projet sur Internet.
– Je mandate un Web-designer. (chap. 5.2)
– J'utilise sur Internet des œuvres ou des parties d'œuvres provenant aussi bien de ma création que d'autres artistes. (chap. 7.7.3)
– Je crée un catalogue en ligne. (chap. 7.7.2, chap. 7.7.3)

Je souhaite présenter mon projet sur Internet.

Autorisations et autorités compétentes correspondantes

oui : une autorisation est nécessaire, non : une autorisation n'est pas nécessaire.
› = octroyée par.

Canton	Remise de boissons et de nourriture	Remise de boissons et de nourriture à l'occasion d'un concert	Remise de boissons alcoolisées lors d'une manifestation unique	Patente de restaurateur	Projection publique	Projection privée	Concert public
AG	ja	ja › Amt für Gewerbe-polizei	ja	nur für grosse Jugendhäuser › Amt für Gewerbepolizei	ja	nein › Amt für Gewerbe-polizei	nein
AI	ja	ja › Bezirksrat	ja	nein › Bezirksrat	ja	nein › Bezirksrat	ja › Bezirksrat
AR	nein, aber Informations-pflicht	nein, aber Informations-pflicht › Gemeinde	Anmeldung an Gemeinde	nein › (Verwal-tungspolizei)	nein, ausser Open-Air	nein › Gemeinde	nein, aber Informations-pflicht › Gemeinde
BE	ja, Ausnah-men Jugend-treffs usw.	ja, Bewilli-gung F › Regierungs-statthalter	ja	ja › Regierungs-statthalter	Einrichtung-bewilligung, sofern weniger als 12-mal/Jahr	nein › Gemeinde	nein, ausser mit Konsuma-tion › Regie-rungsstatthalter
BL	ja	ja › JPMD, Abt. Pass- und Patentbüro	ja	nein › JPMD, Abt. Pass- und Patentbüro	nein, ausser gewerbs-mässig	nein › JPMD, Abt. Pass- und Patentbüro	nein, ausser gewerbs-mässig
BS	ja	ja, Sicher-heitsdepar-tement	ja	nein, Sicher-heitsdepar-tement	nein, in einem dafür abge-nommenen Raum	nein › Bau-inspektorat	ja, auf Allmend › Allmend-verwaltung
GE	oui	oui › Département de justice et police	oui	non	oui	oui, si dans un lieu public non, si dans un lieu privé › Département de justice et police	oui › Département de justice et police
FR	ja	ja › Polizei-departement	ja	ja › Polizei-departement, Patentbüro	ja	nein › Handels-polizei	ja, falls Eintritt verlangt › Handels-polizei
GL	ja	ja, Festwirts-chaft › Gemeinde	ja, Festwirts-chaft	nein	nein, ausser gewerbs-mässig	nein	nein, ausser mit gastgewerbli-cher Tätigkeit
GR	ja	ja › Gemeinde	ja	ja, Änderung geplant › Gemeinde	nein, aber Anmeldung	nein › Gemeinde	nur mit Festwirtschaft, sonst je nach Gemeinde › Gemeinde

* Existe-t-il une police du feu ou une police du commerce auprès de laquelle il faut se renseigner concernant une autorisation éventuelle ? Si oui, s'agit-il une autorité cantonale ou communale et comment s'appelle-t-elle ?

Spectacle de danse public	Prolongation en plein air à partir de	Prolongation à partir de (cas général)	Affichage sur l'espace public	Affichage sur terrain privé	Montage de stands et autres constructions mobiles à l'extérieur	Police du feu*	Police du commerce*
ja › Bezirksamt	24.00	24.00 › Bezirksamt	ab 1,20 m ja › Gemeinde	ab 1,20 m ja › Gemeinde	ja › Gemeinde	ja › Gemeinde	ja › Gemeinde
ja › Bezirksrat	20.00–23.00	24.00 › Bezirksrat	ja › Bezirksrat	ja › Bezirksrat bzw. Kantons-polizei, wenn Plakate im Bereich einer Strasse	ja › Bezirksrat bzw. Feuer-schau-gemeinde	nein	nein
nein, aber Informations-pflicht › Gemeinde	Fr 24.00	24.00 › Gemeinde-rat oder Kantons-polizei	nein, aber Ab-klärung wegen «gesteigertem Gemeinde-brauch» › (Gemeinde)	nein, aber Ab-klärung wegen Einschränkung SVG: Ver-kehrspolizei	nein, ausser Alkoholaus-schank – Informations-pflicht › Gemeinde	nein, Information empfohlen	nein, Information empfohlen
nein, ausser mit Konsuma-tion › Regie-rungsstatthalter	22.00	00.30 › Regierungs-statthalter oder Gemeinden	ja › Gemeinde	ja › Gemeinde	ja › Gemeinde	ja › Gemeinde	ja › Gemeinde
je nach Gemeinde	24.00, teil-weise 22.00	24.00	JPMD, Abt. Pass- und Patentbüro	Gemeinde-verwaltung	Gemeinde-verwaltung	ja › BKD Liestal	ja › VSD Liestal
nein, in einem dafür abge-nommenen Raum › Bau-ins-pektorat	für Lautspre-cher immer	für Lautspre-cher immer › Sicherheits-departement	nur via Allg. Plakatgesells-chaft APG möglich	mit Einvers-tändnis des Eigentümers gestattet	Baudeparte-ment, Allmend-verwaltung	Gebäude-versicherung Basel-Stadt	Sicherheits-departement
oui › Département de justice et police	24.00	24.00 › Département de justice et police	non	non	oui › Secrétariat général du DJPS ou service des agents de Ville	oui › DJPS	oui › office cantonal de l'inspection du Commerce
ja › Oberamt-mann	23.30, Weekend 24.00	23.30, Weekend 24.00 › Ober-amtmann	Oberamt-mann	Oberamt-mann	Amt für Gewerbe-polizei	Gemeinde	Amt für Arbeitsmarkt
nein, ausser mit gast-gewerblicher Tätigkeit	24.00, Fr/Sa und Sa/So 01.00 möglich	24.00, Fr/Sa und Sa/So 01.00 möglich › Gemeinde	ja	nein	ja	nein	nein
ja › Gemeinde	24.00, in einigen Gemeinden abweichend	24.00 › Gemeinde	Gemeinde	privat	Gesucht bei Gewerbepoli-zei (Verwal-tungspolizei)	Gemeinde-ebene	Gemeinde-ebene

Canton	Remise de boissons et de nourriture	Remise de boissons et de nourriture à l'occasion d'un concert	Remise de boissons alcoolisées lors d'une manifestation unique	Patente de restaurateur	Projection publique	Projection privée	Concert public
JU	oui	oui › Police municipale	oui	oui › Recette de district + Service des arts et métiers et du travail	oui › Police municipale	Police municipale	oui, si en plein air › Police municipale
LU	ja	ja › Gastgewerbe und Gewerbepolizei	ja	ja, wenn Anlass mehr als 3 Tage dauert oder wenn über 800 Personen pro Anlass und pro Tag erwartet werden › Gastgewerbe und Gewerbepolizei	ja	ja › Gemeinde	ja › Gemeinde
NE	oui	oui › Service du commerce et de patentes	oui	oui › Service du commerce et de patentes	oui	oui › Service du commerce et de patentes	oui › Service du commerce et de patentes
NW	ja	ja, ausser alkoholfrei › Gemeindebehörde	ja	nein › Gemeindebehörde	nein	nein	nein
OW	ja	ja, (Gelegenheitswirtschaft) › Einwohnergemeinderat	ja	ja, Einwohnergemeinderat	nein	nein	nein
SG	ja, wenn gewerbsmässig; nicht Vereinswirtschaften	ja, ausser gemeinnützige › Gemeinde	ja	nein, wenn keine Gefährdung des Jugendschutzes › Gemeinde	ja, ausser gemeinnützige	nein, Ausnahmen möglich › Amt für Wirtschaft	ja, wenn gewerbsmässig › Gemeinde
SH	ja	Gelegenheitsbewilligung bei Gemeinde › Gemeinde	ja	ja › Gemeinde	nein, ausser mit Speisen und Getränken	nein › Gemeinde	nein, ausser mit Speisen und Getränken › Gemeinde
SO	ja	ja › Gewerbe- und Handelspolizei	ja	nein	ja	nein › Departement des Innern	nur wenn mit Konsumation
SZ	ja	ja › Gemeinde	ja	nein › Gemeinde	nein	nein	nur wenn mit Konsumation › Gemeinde

Spectacle de danse public	Prolongation en plein air à partir de	Prolongation à partir de (cas général)	Affichage sur l'espace public	Affichage sur terrain privé	Montage de stands et autres constructions mobiles à l'extérieur	Police du feu*	Police du commerce*
oui › Police municipale	24.00–01.00	24.00–01.00 › Police municipale	Urbanisme	non	oui	Urbanisme	Service des arts et métiers et du travail
ja › Gemeinde	22.00 bis max. 00.30 Nachtruhe	00.30, Gastgewerbe und Gewerbepolizei	Gemeinde	Eigentümer	Falls Essstand, Gesuch an Gastgewerbe und Gewerbepolizei; sonstige Stände, Gesuch an Gemeinde	ja	ja
oui › Service du commerce et de patentes	oui	oui › Service du commerce et de patentes	Service du commerce et de patentes	Service du commerce et de patentes	oui › Service du commerce et de patentes	Administration communale, Service Incendie et de secours + service d'hygiène et de prévention du feu	Service de l'inspection et de la santé au travail
nein	gemäss Bewilligungserteilung	00.30 › Gemeindebehörde	ja	nein, Zustimmung Grundeigentümer	nein, ausser bei Sondergebrauch auf öffentlichem Grund	nein	nein, evtl. Reisendenbewilligung
nein		keine	Einwilligung des Grundeigentümers in der Praxis stillschweigende Duldung (evtl. zusätzliche Vorschriften der Gemeinden)	Einwilligung des Grundeigentümers, in der Praxis stillschweigende Duldung	Baubewilligung bei grösseren Ständen, die längere Zeit stehen bleiben	Wird im Rahmen der Baubewilligung beurteilt; Vorsichtsmassnahmen obliegen dem Betreiber in allen Fällen	keine Angaben
ja, ausser wohltätiger Zweck › Gemeinde	je nach Gemeinde	24.00 › Gemeinde	Gemeinde	Gemeinde	Gemeinde	Gemeinde; in Ausnahmefällen durch kantonale Behörde	Gemeinde oder Amt für Wirtschaft
nein › Gemeinde		Gemeinde	Gemeinde		Gemeinde	ja › Kantonale Feuerpolizei	nein
nur wenn mit Konsumation	00.30, danach nur noch in geschlossenem Festzelt möglich	00.30, danach Bewilligung erforderlich	ja › Gemeinde	ja › Gemeinde	ja › Gemeinde		ja › Gewerbe- und Handelspolizei Kanton
nur wenn mit Konsumation › Gemeinde	24.00	24.00 › Gemeinde	nein	nein	teilweise (z.B. Markt- oder Hausierpatent)	ab 100 Personen	ja, wenn bewilligungspflichtig

Canton	Remise de boissons et de nourriture	Remise de boissons et de nourriture à l'occasion d'un concert	Remise de boissons alcoolisées lors d'une manifestation unique	Patente de restaurateur	Projection publique	Projection privée	Concert public
TG	ja	nein › Gemeinde	ja	nein › Gemeinde	nein	nein	nein
TI	si	si › Comune/ Cantone	si	si › Comune/ Cantone, Ufficio ermessi	si	no › Comune	si › Comune
UR	ja	ja › Polizei-direktion	ja	nein › Polizei-direktion	je nach Anlass	nein › Gemeinde	nur wenn mit Konsumation › Polizei-direktion
VD	oui, en cas de vente d'alcool	oui › Municipalité concernée	oui	non › Municipalité concernée	oui	oui, selon nombre › Commune	oui › Canton/ Commune
VS	oui	oui › Conseil communal	oui	oui (Autorisation cantonale) › Conseil communal	oui	oui › Canton	oui › Conseil communal
ZG	nur wenn Alkohol dabei	nur wenn Alkohol dabei › betreffende Gemeinde	ja	nein › betreffende Gemeinde	ja	nein › Sicherheits-direktion	nur wenn Alkohol dabei › betreffende Gemeinde
ZH	ja	ja › Gemeinde	ja	nein › Gemeinde	ja › Gemeinde/ Ausnahme Jugendfilm-wesen	nein › Gemeinde	ja › Gemeinde

Spectacle de danse public	**Prolongation en plein air à partir de**	**Prolongation à partir de (cas général)**	**Affichage sur l'espace public**	**Affichage sur terrain privé**	**Montage de stands et autres constructions mobiles à l'extérieur**	**Police du feu***	**Police du commerce***
je nach Grösse/Dauer › Gemeinde	je nach Gemeinde	24.00, Sa/So 02.00 › Gemeinde	je nach Gemeinde	nein	nein	ja	nein
si › Comune	22.00	01.00 › Comune	si › Comune	si › Comune	si › Comune	si › Comune	no › Cantone, Ispettorato del lavoro
ja › Polizei-direktion	22.00	24.00 › Kantons-polizei	Gemeinde	nein	Gemeinde	nein	nein
oui › Commune	22.00	22.00 › Commune	oui › Commune	oui › Commune	oui › Commune	Commune	Canton
oui › Conseil communal	non/fixation individuelle par Conseil communal	non/fixation individuelle par Conseil communal › Conseil communal	oui	oui	oui	oui	non
nur wenn Alkohol dabei › betreffende Gemeinde	22.00	24.00 › betreffende Gemeinde	innerorts › betreffende Gemeinde (ausserorts gibt es nicht)	betreffende Private (Vorschrift für Abstand von öffentlichen Strassen)	betreffende Gemeinde oder betreffende Private	Gebäude-versicherung bei Feuer-werk	betreffende Gemeinde (für Hausierer)
nein, ausser gewerbs-mässig › Gemeinde	22.00	24.00 › betreffende Gemeinde	ja › Gemeinde	ja › Gemeinde	ja › Gemeinde	ja › Kanton und Gemeinde	ja › Gemeinde

Liste des abréviations

CG	Conditions générales
AVS	Assurance-vieillesse et survivants
AC	Assurance-chômage
LTr	Loi sur le travail
LACI	Loi fédérale sur l'assurance-chômage obligatoire et l'indemnité en cas d'insolvabilité
OFC	Office fédéral de la culture
ATF	Arrêt du Tribunal fédéral
CST	Constitution fédérale
LPP	Prévoyance professionnelle
LIFD	Loi fédérale sur l'impôt fédéral direct
DDC	Direction du développement et de la coopération
LPD	Loi sur la protection des données
DFAE	Département fédéral des affaires étrangères
APG	Allocations pour perte de gain
AFC	Administration fédérale des contributions
EVSt	EVSt
CCT	Convention collective de travail
LFors	Loi sur les fors
Sàrl	Société à responsabilité limitée
LDIP	Loi fédérale sur le droit international privé
AI	Assurance-invalidité
CDAC	Conférence des délégués cantonaux aux affaires culturelles
LEC	Loi sur l'encouragement de la culture
CCC	Centre de compétence pour la politique étrangère culturelle du DFAE
PME	Petites et moyennes entreprises
CVSC	Conférence des Villes suisses en matière culturelle
AMAL	Assurance-maladie
TVA	Taxe sur la valeur ajoutée
LTVA	Loi fédérale régissant la taxe sur la valeur ajoutée
OLTVA	Ordonnance relative à la loi fédérale régissant la taxe sur la valeur ajoutée
CO	Code suisse des obligations
PH	Fondation culturelle Pro Helvetia
PROLITTERIS	Société de gestion pour la littérature, la photographie et les arts plastiques
PRS	Présence Suisse, organisation rattachée au DFAE
RS	Recueil Systématique des documents juridiques de la Confédération suisse
SSA	Société Suisse des Auteurs, société de gestion pour les œuvres dramatiques, dramatico-musicales et audiovisuelles
CP	Le code pénal suisse
LHID	Loi fédérale sur l'harmonisation des impôts directs des cantons et des communes
SUISA	Société de gestion pour les œuvres musicales et de théâtre
SUISSIMAGE	Société de gestion pour les œuvres audiovisuelles
SWISSPERFORM	Société de gestion pour les droits voisins
LDA	Loi sur le droit d'auteur, Loi fédérale sur les droits d'auteur et les droits voisins
AA	Assurance-accidents
LAA	Loi fédérale sur l'assurance-accidents
LCD	Loi fédérale contre la concurrence déloyale
CC	Code civil suisse
ZR	« Blätter für zürcherische Rechtsprechung ». Zurich

Les auteurs

Rolf Bühler est avocat indépendant à Lucerne, MAS UniBS en Arts Management: Conseil de fondation de la Haute école de musique de Lucerne: Conseil HES de Suisse Centrale: chargé de cours invité de la Haute école de musique de Lucerne.

Judith Gross, études en sciences du droit auprès des Universités de Trèves et Londres. Elle est assesseur en droit à Berne.

Claudia Höltner, études en sciences du droit auprès des Universités de Würzburg et Freiburg i. Br., avocate: directrice d'études du Master en droit administratif de l'Université de Bâle: chargée de cours en droit des assurances sociales auprès de la « Berufsakademie Villingen-Schwenningen »: activités de longue date auprès de la « Kunstverein Freiburg » et de l'office de la culture de la ville de Freiburg i. Br.

Rolf Keller, Dr phil., Manager NPO dipl.: suite à ses études et un séjour à l'étranger, directeur d'études de la « Stapferhaus » à Lenzbourg: secrétaire de direction puis directeur adjoint de la fondation culturelle Pro Helvetia: depuis 2000, organisation et direction du centre d'études de gestion culturelle de l'Université de Bâle.

Raik Mickler, études en sciences du droit auprès des Universités de Potsdam, Lausanne et Berlin: activités comme auxiliaire scientifique dans le domaine du droit civil à l'Université de Potsdam, puis formation pratique au service judiciaire du Land Baden-Württemberg: depuis 2000, juriste auprès du « Haufe Mediengruppe », une des plus grandes maisons d'édition spécialisée allemande, activités dirigées principalement sur les questions de droit des licences et de droit d'auteur.